신천지부터 통일교까지

신천지부터 통일교까지
— 사이비·이단 종교에 대한
   전문가들의 팩트 체크와 대처 방안

2021년 6월 21일 초판 1쇄 발행

지은이 | 김혜진 정종훈 한성열 허호익
펴낸이 | 김영호
펴낸곳 | 도서출판 동연
편 집 | 김구 박연숙 정인영 김율 디자인 | 황경실
등 록 | 제1-1383호(1992. 6. 12.)
주 소 | 서울시 마포구 월드컵로 163-3
전 화 | (02)335-2630
전 송 | (02)335-2640
이메일 | yh4321@gmail.com

Copyright ⓒ 김혜진 정종훈 한성열 허호익, 2021

ISBN 978-89-6447-660-4 03200

사이비·이단 종교에 대한 전문가들의 팩트 체크와 대처 방안

신천지부터 통일교까지

김혜진 정종훈 한성열 허호익 함께 씀

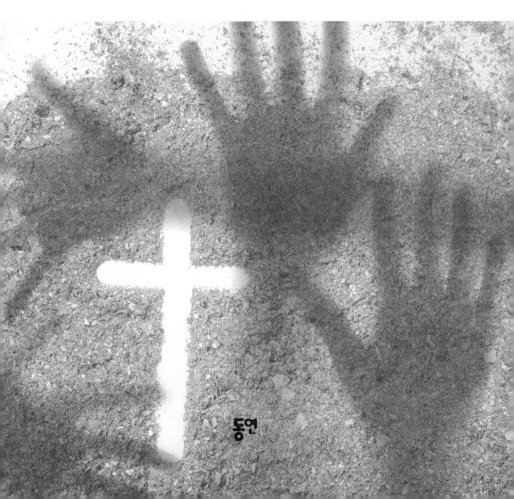

동연

머 리 말

2019년 12월에 발생한 코로나19가 전 세계로 확산되는 가운데, 수많은 인명 피해와 막대한 경제적 손실 등을 가져온 지구촌의 대참사로 온 인류가 집단적인 고통을 겪고 있다. 우리나라의 경우에는 그나마 다행히도, 투명하고 상세한 정보 공유, 뛰어난 의료시스템과 의료장비 개발 능력, IT 기반의 신속한 방역 행정, 국민의 자발적 방역 참여와 성숙한 시민의식 등으로 세계로부터 코로나19 대응 의료체계와 방역 능력(K-방역시스템)의 모범적인 사례로 인정받고 있다.

그러나 우리나라도 지난 2020년 2월 20일 이후 정부의 방역 대책을 무력화시킨 신천지 대구교회로 인해 코로나19가 집단으로 확산되며 위기를 겪었다. 이에 대응하여 그로부터 수개월 동안 방역 당국과 행정부의 필사적인 노력으로 코로나 방역에 있어서 선도 국가의 위상을 다시 회복하는 쾌거를 이루었다. 그 후 서울시는 3월 26일 신천지의 사단법인 '새하늘새땅증거장막성전예수교선교회'가 정부의 방역 활동을 방해하는 지시를 통해 국민의 생명과 안전을 심각하게 침해했으며, "종교의 자유를 벗어난 반사회적 단체"라고 하여 사단법인 설립을 취소한 바 있다.

그동안 우리 정부는 처음부터 개방성, 투명성, 민주성의 3대 원칙에 따라 코로나19를 효과적으로 대응함으로 방역 모범국가로 인정받게 되었는데, 전 세계적으로 유례가 없는 '신천지'와 '인터콥'(BTJ)과 같은 '사이비·이단 단체'의 폐쇄적이고, 기만적이고, 반사회적인 행태로 인해 세 번에 걸쳐 코로나19의 집단 재확산의 위기를 겪게 된 것이다.

'2018년 한국의 종교 현황 보고서'에 따르면, 전체 인구 중 43.9%가 종교 인구라고 한다. 종교 인구 내에서는 개신교가 44.9%에 달하는 것으로 나타났다. 한국 사회를 고찰할 때 긍정적이든 부정적이든 간에 한국 종교의 영향력을 부정할 수 없다.

건전한 종교의 교리는 그 자체로 '개인적인 순기능'과 '사회적인 순기능'의 긍정적인 측면을 지니고 있다. 그러나 '사이비·이단 단체'는 그들이 주장하는 '핵심 교리'로써 비윤리적이고 반사회적인 행위를 부추기고 정당화한다. 사이비·이단 단체는 개인과 가정을 몰락하게 할 뿐 아니라 온갖 범죄의 온상이 되어 사회를 혼란시키고, 나아가 국가의 기강을 무너뜨린다. 지금 우리는 그러한 현실을 슬픔과 분노 가운데 경험하고 있다. 코로나19 사태는 언젠가 종식되겠지만, 무수한 '사이비·이단 단체'는 사라지지 않고 다양한 형태로 우리 사회의 암적 존재가 되어 기승을 부릴 것이다. 앞으로 그런 사회적 역기능을 하는 단체가 더 늘어날 것이라는 것이 우리 집필자들의 일치된 견해이다.

우리 집필자들은 '사이비·이단 단체의 사회적 역기능과 대처 방안'에 대한 종합적인 검토의 필요성을 절감하면서 네 가지 주제로 나누어 연구를 분담하였다. 이 연구에 기꺼이 참여하여 시의적

절하고 깊이 있는 글을 함께 집필하고 출판하게 된 것이 매우 기쁘다. 우리 집필자들은 출판하는 공동저서가 사이비·이단 단체에 대한 사회적 경각심을 일깨우고, 다방면으로 그 실상을 공유하며 실질적인 대처 방안을 함께 마련하는 계기가 되기를 간절히 염원한다.

2021년 3월

집필자 일동

차 례

제 1 장
사이비·이단 단체의 심리학적 이해

한성열*

I. 서론

요즘 우리 사회는 매우 혼란스럽고 혼탁하기까지 하다. 어느 한곳 마음 놓고 의지할 수 있는 곳이 없다. 하지만 다른 어느 영역보다 종교 영역에서의 타락과 혼탁한 모습은 우리를 매우 염려스럽게 한다. 종교는 우리 삶의 근원적인 문제에 답을 찾기 위해 의지해야 하는 마지막 보루(堡壘)이기 때문이다. 인간을 제외하고는 종교를 가지고 있는 종(種)은 없다. 고릴라나 침팬지 등의 영장류가 인간처럼 사회생활을 하고 가족을 형성하고 살아간다고 해도 이들은 종교를 가지고 있지 않다. 반면에 아무리 원시적인 생활을 하는 부족(部族)이라도 모두 부족 특유의 종교를 가지고 있다. 다

---

* 고려대학교 심리학과 명예교수, 미드웨스턴침례신학대학원 겸임교수

시 말하면, 종교는 인간만이 가지고 있는, 인간 존재의 근원과 맞닿아 있는 활동이다.

하지만 우리 주위에는 자신을 무신론자라고 자처하는 사람도 많이 있다. 또 분명하게 특정 종교에 소속되어 있지 않고 특정 종교의 교리를 받아들이지 않는 사람들도 많이 있다. 2016년 12월 19일 통계청이 발표한 '2015년 인구주택 총조사 표본집계 결과'에 따르면 지난해 기준으로 종교 인구는 총 2,155만 명(43.9%)이고, 무종교 인구는 2,750만 명(56.1%)으로 나타나 무종교 인구가 595만 명가량 더 많다. 종교인은 2005년보다 9.0% 감소했다. 이번 조사에서 특징적인 것은 1995년부터 처음 실시된 후 처음으로 '종교가 없다'고 답한 무종교인의 비율이 처음으로 절반을 넘은 것이다. 그 원인으로는 한국 사회가 서구 사회와 마찬가지로 '탈종교 사회'에 진입했다는 것을 의미할 수도 있다.

하지만 종교를 "성스러운 존재나 세계에 대한 믿음"이라고 간단하게 정의해본다면, 인간은 누구나 믿을 수 있는 대상을 가지고 있을 수밖에 없다. 생물학적으로 인간을 분류하면 '호모 사피엔스'(Homo sapience)다. 호모(Homo)는 '순수하다'는 의미이고, 사피엔스(sapience)의 뜻은 '이성적'이다. 즉, 학명에 나타난 인간의 의미는 순수하게 이성적으로 생각하는 생물이다. 아마 사람에게 순수하게 이성적이라는 별칭을 붙였을 때 그 의미는 인간만이 자신의 삶과 죽음에 대해 이성적으로 생각하고 그 의미를 추구하는 생명체라는 특징을 부각시킨 것이 아닐까? 인간은 'Homo sapience'로 사는 순간부터 자신의 죽음과 삶의 의미에 대해 숙고하지 않을 수 없는 존재이므로 '종교적 인간'(Homo religious)이라는 의미와도 일맥상통할 것이다. 이런 의미에서는 '종교인' 또는 '무종교인'이라는 분류 자체가 의미가 없다. 왜냐하면 모든 사람은 자신을 어떻게 규정하든지 관계 없이 본질로 종교적이기 때문이다. 최근의 인류학 연구에 의하면 원시인들에게도 인생의 궁극 목적에 대한 탐구의 흔적이 나타나 있다고 한다.

역사학자 토인비는 "역사는 유기체적인 문명 생멸의 과정"이라고 정의하면서(Toynbee, 1939), 역사의 기초를 '문명'에 두었다. 그는 문명 그 자체를 하나의 유기체로 비유하고 문명은 생멸(生滅)의 과정을 겪는다고 주장하였다. 그리고 그 생멸이 바로 역사이고, 그 생멸에는 일정한 규칙성이 있다고 보았다. 즉, 문명은 발생, 성장, 해체의 과정을 주기적으로 되풀이한다고 주장하였다. 그리고 문명의 추진력이 고차(高次) 문명의 저차(低次) 문명에 대한 '도전'과 '응전'의 상호작용에 있다고 주장했다. 도전에 적절하게 대응하면 그 문명은 계속 성장하고 번성하지만, 반대로 도전에 적절히 대응하지 못하면 결국 해체된다.

현재까지 세계 종교로 그 영향력을 미치고 있는 종교들도 각 지역과 그 시대 그 지역에서 살았던 사람들의 가장 인간적인 질문(도전)에 제일 효과적으로 대답(응전)하고 기능했을 것이다. 그 결과 수없이 많은 작은 종교들이 생성하고 소멸하는 과정에서 살아남아 지역과 시간을 초월하여 세계 종교로 성장했을 것이다. 그리고 지금까지도 세계적으로 교세를 확장하며 존재할 수 있었던 이유는 시대와 환경의 변화에 따라 계속 종교 자체도 크고 작은 변화를 능동적으로 수용하면서 각각의 시대의 특징적인 요구를 효과적으로 만족시켜 주었을 것이다.

20세기의 대표적 신학자 중의 한 사람인 틸리히(Paul Tillich, 1886~1965)는 "문화의 핵심은 종교이고, 문화는 종교의 양식(樣式)"이라고 주장하였다. 앞에서도 언급한 것처럼, 인간(Homo sapience)의 가장 핵심적인 질문은 자신의 존재 의미를 추구하면서 생사에 대한 두려움을 뛰어넘는 삶을 살고자 하는 열망이라고 할 수 있다. 그리고 그에 대한 답을 제공해주는 것이 바로 종교인 것이다. 그런 의미에서 인간은 'Homo religious'인 것이다. 하지만 그 궁극적 탐구에 대한 해답은 동서고금을 통해 동일한 모습으로 나타나는 것이 아니라 각각의 문화의 영향을 받고 특정 모습을 띠고 나타난다. 틸리히의 언명을 토인비의 역사관에 대입하면, 종교는 문화이기 때문에 생멸의 과정을 겪는다. 그리고 외부의 도전에 적절히 응전하면 그 종교는 살아남아 계속 성장하지만, 만약 도전에 적절히 응전하지 못하면 도태되고 결국 해체될 것이다.

이처럼 종교는 우리 삶에서 없어서 안 되는 중요한 역할을 담당하고 있다. 종교를 통해 죽음의 두려움을 극복하고 성숙한 인품을 도야(陶冶)하고 개인의 행복을 증진시킬 수 있다. 또한 모든 종교의 교리들이 이웃을 사랑하라고 가르치는 것에서도 알 수 있듯이 종교를 통해 대인관계를 원만히 하고 이웃과 깊은 연대감을 가질 수 있다는 것은 순기능이라고 할 수 있다.

그러나 앞의 통계에서도 확인되듯이, 현재 우리나라에서는 기존의 제도화된 종교에 실망하고 떠나는 신자들이 많이 있다. 어느 종교를 막론하고 끊이지 않고 터져 나오는 종교 지도자들의 반윤리적이고 무능한 행태에 실망했기 때문이기도 할 것이다. 또한 종교를 가지고 있는 신자들의 삶의 모습에 실망했기 때문이기도 할 것이다. 그리고 더 이상 기존의 종교가 자신들이 힘들고 불안한 삶을 살아가면서 받고자 하는 도움을 더 이상 주지 못할 것이라는 실망 때문에 종교를 떠나기도 할 것이다.

하지만 최근 우리 사회에는 소위 사이비·이단 종교 단체들에 실망을 느끼는 사람들이 많다. 특히 코로나19로 많은 고통과 불편을 겪고 있는 상황에서 사이비·이단 종교 단체의 하나인 '신천지'가 확산의 근원지 역할을 했다는 것이 알려지자 많은 사람이 사이비·이단 종교 집단에 대한 관심을 가지고 그들의 포교 활동과 집회 행태에 실망을 넘어 분노하고 있다.

사이비·이단 종교 단체의 피해는 개인과 가정을 넘어 사회로까지 확산되고 있다. 하지만 이들의 피해는 이번이 처음은 물론 아니다. 세간의 관심을 끈 사이비·이단 종교 단체의 행태와 피해는 이미 세계적인 교세를 가진 통일교를 비롯하여 박대선을 따르던 전도관 등 끊임없이 이어져 오고 있다. 최근에는 기독교복음선교회라는 사이비 종교 집단을 이끌고 있는 정명석은 젊은 여신도를 성폭행한 죄로 10년 형을 선고받고 복역 후 만기 출소했다. 정명석은 현재 성범죄를 저지른 사람에게 채우는 전자발찌를 착용하고 있다. 하지만 그는 출소 후에도 다시 자신이 세운 단체로 돌아가 신도들의 환호를 받으며 '메시아'라고 자칭하며 교주 행세를 하고 있다. 그리고 변함없이 젊은 여신도들이 그의 곁을 지키고 있다.

신도 수백 명을 남태평양 피지(Fiji)로 보내 강제노역을 시키고 있는 은혜로교회의 신옥주는 징역 6년 형을 선고받고 복역하고 있다. 이 여자 목사는 5년간 400명 이상의 신도를 피지로 이주시킨 뒤 강제노역을 시키는 것뿐만 아니라 종교의식을 빙자한 폭력 행위를 하도록 지시한 범죄를 저질렀다. 딸이 어머니를 폭행하고 부인이 남편을 폭행하는 영상이 공개돼 세간의 큰 이목을 끌었던 소위 '타작 마당' 등의 반인륜적 행위를 종교의 이름으로 교사하였다.

신옥주는 현재 수감 중이지만 은혜로교회는 최근 들어 언론매체를 통해 교주를 신격화하고 핵심 교리를 공개하는 등 이전과 다른 적극적이고 공개적인 행보를 보이고 있다. 최근 주요 일간지에 "귀 있는 자는 성령이 교회들에게 하시는 말씀을 들을지어다. 진리의 성령께서 이미 이 땅에 오셨다. 영원한 복음인 새 언약을 선포하시는 믿음의 때가 도래하였다"라는 광고를 싣고 있다. 물론 이 광고에서 성령은 신옥주를 지칭한다. 더욱 가관인 것은 코로나19 발생 이유에 대해서는 "진리의 성령을 이단이니 사이비니 비방하고 핍박하여 옥에 가두었기 때문"이라는 황당한 주장을 펼치기도 한다.

종교라는 현상 자체가 합리적인 이성(理性)만으로는 설명할 수 없는 다양한 요인들로 구성되어 있기에 왜 많은 사람이 사이비·이단 종교 단체에 빠져드는지 대해서는 한 마디로 간단히 설명할 수 없다. 하지만 자신들이 소속되어 있던 종교 단체의 교주들이 범죄를 저지르고 법정에서 재판을 받고 구속되는 상황에서도 헤어나오지 못하고 교주를 빙자한 범죄자를 두둔하기까지 하는 것은 가족은 물론 일반인들도 정말 이해하기 어렵다.

II. 사이비 · 이단 종교 집단에 빠지는 이유

1. 문화적 이유

20세기의 대표적 신학자 중의 한 사람인 틸리히는 "문화의 핵심은 종교이고, 문화는 종교의 양식(樣式)"이라고 주장하였다(Tillich, 1959). 다른 말로 하면, 인간이 묻는 가장 핵심적인 질문은 자신의 존재 의미를 추구하면서 생사에 대한 두려움을 뛰어넘는 삶을 살고자 하는 열망에서 나왔다고 할 수 있다. 그리고 그에 대한 답을 제공해주는 것이 바로 종교인 것이다. 종교(宗敎)라는 한자어 자체가 '근본'이라는 '종'(宗)과 '가르침'이라는 '교'(敎)의 합성어이다. 즉, 종교는 "으뜸이 되는 가르침"이다.

하지만 그 궁극적 탐구에 대한 해답과 해답을 찾는 과정과 모습은 동서고금을 통해 동일한 모습으로 나타나는 것이 아니라 각각의 문화의 영향을 받고 특정 모습을 띠고 나타난다. 틸리히의 언명을 토인비의 역사관에 대입하면, 종교는 문화이기 때문에 생멸의 과정을 겪는다. 그리고 외부의 도전에 적절히 응전하면 그 종교는 살아남아 계속 성장하지만, 만약 도전에 적절히 응전하지 못하면 도태되고 결국 해체될 것이다.

한 나라의 문화를 연구하는 좋은 방법 중 하나는 그 나라의 종교를 연구하는 것이다. 그것도 현대에 와서 유입된 다양한 종교들을 이해하는 것보다 원시적인 토착 종교의 형태를 연구하는 것이 그 문화의 특성을 가장 잘 표현해주는 것이라고도 할 수 있다. 그만큼 종교와 문화는 불가분의 관계가 있다.

　종교학자 정진홍(1986)은 우리의 전통 종교는 한마디로 "'하늘'을 경험하며 빚어진 해답의 상징체계와 사제를 통하여 '힘'과 만나는 제의적 삶에의 참여를 해답으로 사는 이른바 무속종교"라고 정리하였다. 또한 사학자 최광식(2007)도 "토착 신앙은 우리 고대 사회와 문화의 원천이라 할 수 있으며, 불교 수용 이전 한국 고대 사회의 지배적인 사상"이었다고 정진홍과 유사한 주장을 하였다. 종래 토착 신앙은 원시 신앙 또는 무속신앙 등으로 단순하게 이해되었지만 고대의 지배 이데올로기로서 정치적 · 사상적 · 종교적으로 중요한 역할을 담당하고 있었다.

　최광식에 따르면, 한국의 토착 신앙에 대한 최초의 자료는 단군신화라 할 수 있다. 단군신화는 하늘의 자손인 환웅이 세상에 내려와 웅녀와 결혼하여 단군을 낳았고, 단군이 나라를 세우는 내용을 담고 있는 천강(天降) 신화이다. 이는 천신 숭배 집단이 곰 토템 부족과 통합했던 역사적 사실을 반영하는 내용으로 일찍부터 천신(天神)에 대한 관념이 존재했음을 알게 해준다. 고대의 신화에는 다양한 토착 신앙이 표현되어 있으며 이러한 신앙의 구체적인 실천이 바로 제사라 할 수 있다.

　이처럼 한국인의 심성의 밑바닥에는 하나님과 그의 아들 그리고 그 자손이 이룬 나라라는 관념이 있다는 것을 알 수 있다. 최근에 성행하는 사이비·이단 종교가 거의 대다수 기독교에서 파생된 것이 많은 이유를 한국인의 토착 신앙과 그 문화에서 찾아볼 수 있을 것이다.

2. 사회적 이유

사이비·이단 종교의 출현은 사회적 환경과 연관성이 깊다. 사람들의 불안과 고통이 만연하거나 기존의 종교에 불만을 느낄 때 대체할 수 있는 새로운 종교를 찾는다. 우리나라에서 사이비·이단 종교 집단이 나타나고 성행한 시기는 거의 사회적으로 불안한 시기와 겹친다. 근대에 이르러 형태를 갖춘 사이비·이단 종교 단체가 나타난 것은 1920년대이다. 이때는 3·1운동의 발발과 일제의 탄압 등으로 사회가 많이 불안한 시기이었다. 그다음 사이비·이단들이 발호하던 시기는 1950년대 중·후반이었다. 이때는 한국전쟁의 여파로 고향을 떠나 북에서 온 피난민들이 많이 유입되었고, 사회적으로도 많이 혼란스러운 시기이었다. 이 사회적 불안을 배경으로 대표적인 사이비·이단 종교인 통일교와 전도관 등이 교세를 크게 확장했던 때이다. 즉, 사이비·이단 종교는 불안정하고 불안한 사회 분위기와 상관이 깊다.

최근 우리 사회에 무당과 역술인이 크게 늘고 있다고 한다. 관련 단체의 주장에 의하면 약 100만 명가량으로 추정된다고 한다. 이렇게 무당과 역술인이 느는 이유에 대해 해당 업계에서는 경제

침체를 가장 큰 이유로 꼽는다. 현재 우리 사회는 '잘 살 수 있다'는 믿음을 주지 못하고 있기 때문이라고 볼 수 있다. 아무리 노력해도 자신이 원하는 목표를 이룰 수 없다고 느끼면서 절망하거나 좌절하면 더 이상 노력할 동력을 잃고 만다. 그리고 자신의 삶을 자신의 힘과는 무관한 '팔자'나 '운명'으로 돌리는 '운명론자'가 되거나 황당한 사이비·이단 종교에 빠져 안정감을 얻게 된다.

3. 심리적 이유

인간은 행동은 개인의 심리적 요인과 환경적 요인 상호작용의 결과이다. 따라서 사이비·이단에 빠지는 이유는 심리적인 요인도 크게 작용한다. 사이비·이단 종교 단체에 빠지게 하는 심리적 요인은 크게 성격적 측면과 동기론적 측면 그리고 신앙 발달적 측면 등을 고려해볼 수 있다.

1) 성격적 측면

프로이트(Sigmund Freud)는 인간의 기본 욕구를 성욕과 공격욕으로 규정하고 특히 성욕이 만족되는 신체 부위에 따라 단계를 나누었다. 즉, 그에 의하면 어린이가 성장해가면서 그의 성적 관심이 집중되는 부위를 중심으로 구순기, 항문기, 남근기, 잠복기 그리고 성기(性器)를 중심으로 성욕을 만족시키는 성인기를 거치면서 발달한다고 하였다. 그리고 청년기까지 성격 발달이 이루어

지며, 그 이후에는 특별한 경우를 제외하고는 지속된다는 '심리-
성적'(psycho-sexual) 단계 이론을 주창하였다.

프로이트 이후 그의 정신분석학을 제일 발전시킨 제자라는 평
을 받는 에릭슨은 자아 발달을 중심으로 성격 발달 이론을 제시하
였다(Erikson, 1963). 그에 의하면 자아는 각 시기마다 발달시켜야
하는 과제가 있으며 이 과제는 성숙하고 있는 자아와 중요한 타인
들과의 관계를 통해 형성된다는 '심리-사회적'(psycho-social) 발달
이론이다. 동시에 성격은 청년기에 결정되는 것이 아니라 노년기까
지 전 생애에 걸쳐서 발달된다는 획기적인 이론을 만들었다.

그러나 사이비ㆍ이단 종교 단체에 빠지는 사람들의 특징을 이
해하기 위해서는 그의 자아발달이론의 특성을 잘 알아야 한다. 그
는 심리학의 다양한 분야에서 사용되는 단계이론과는 다른 독특
한 단계이론을 주창하였다. 일반적인 단계이론은 후에 나타나는
단계가 그 전 단계보다는 더욱 발달한 단계이고, 그 전 단계의 특
징을 흡수 통합하는 방향으로 나타난다. 그러나 에릭슨의 발달 과
정은 먼저 나타난 단계가 흡수 통합되는 것이 아니라 그 특징이
한평생 지속되면서 그다음 단계 발달에 큰 영향을 미치는 방식으
로 진행된다.

에릭슨에 의하면, 영ㆍ유아(嬰幼兒)가 태어나서 제일 먼저 경험
하는 자아의 발달 단계는 '기본적 신뢰 대 불신'의 단계이다. 이 단
계의 특징은 영ㆍ유아는 이 세상 다른 모든 동물의 새끼에 비해
가장 무기력한 단계를 거친다는 것이다. '만물의 영장'인 인간이
가장 무기력한 상태로 태어난다는 것은 일종은 모순이라고 할 수

있다. 하지만 가장 무기력한 시기를 제일 오래 겪는다는 점이 바로 인간이 만물의 영장이 될 수 있는 기반이 튼튼해진다는 것을 의미한다.

무기력한 영·유아를 제일 가까이서 돌보는 이가 꼭 어머니가 아닌 경우도 있겠지만, 일반적으로 어머니이다. 영·유아기에 돌보는 이와의 관계의 양상과 질이 '신뢰'를 발달시키는지 아니면 '불신'을 발달시키는지 결정된다. 일반적인 의미로 말하면, 신뢰는 "다른 사람을 믿을 수 있고, 또 그들의 행동을 예측할 수 있다는 것"을 아는 것이다. 만약 아기가 돌보는 이를 믿을 수 있게 되면 욕구가 생기는 즉시 돌보는 이가 보살펴주지 않아도 보채지 않고 지나치게 불안해하지 않는다. 그는 돌보는 이가 적당한 시간에 오는 것을 예측하고 또 기다릴 수 있는 '욕구 만족을 지연(遲延)시킬 수 있는 힘'을 키울 수 있기 때문이다. 기다림의 시간은 믿음의 양과 비례한다.

영·유아기 때 발달되는 신뢰가 '기본적'인 것은 앞에서도 설명했듯이 이 시기에 발달되는 신뢰가 평생 지속되는 대인관계의 초석이 되기 때문이다. 왜냐하면 에릭슨에 의하면 이 단계에 발달된 신뢰는 그 이후에 따라오는 다음 단계에 의해 흡수 통합되는 것이 아니기 때문이다.

이 단계를 '기본적 신뢰 대 불신'이라고 부르는 이유는 신뢰를 형성하기 위해서는 '불신'도 존재해야 하기 때문이다. 논리적으로 불신이 없다면 신뢰도 존재하지 않는다. 마치 여자가 존재하지 않으면 남자도 존재하지 않는 것과 같은 이치이다. 만일 남자나 여

자만 존재한다면 다만 '사람'만 존재하는 것이 되기 때문이다. 구태여 남자나 여자라는 범주로 나눌 필요가 없다는 말이다. 다시 말하면 기독교에서 신만 혹은 인간만 존재한다면 신도 인간이라는 범주도 있을 필요가 없게 된다. 악이 존재하지 않으면 선도 존재하지 않는 것도 같은 이치이다. 에릭슨이 주장하는 것은 신뢰가 형성되기 위해서는 불신도 존재할 수밖에 없지만, 신뢰의 크기가 상대적으로 불신의 크기보다 커야 한다는 것이다. 즉 신뢰와 불신의 형성은 존재 유무의 문제가 아니라 '비율'(比率)의 문제인 것이다.

에릭슨에 의하면 이 시기에 기본적 신뢰를 발달시킨 영·유아는 '희망'(hope)이라는 덕성을 가지게 된다. 희망은 "간절히 원하는 것을 얻을 수 있다는 지속적인 신념"이다. 이런 신념을 가지고 사는 사람들은 비록 앞에 어려움과 장애가 있더라도 내가 필요하면 누군가가 도와줄 것이라는 신념이 있기 때문에 이겨나갈 수 있고, 종국적으로는 바라는 것을 얻을 수 있다. 이들의 모토는 "하늘이 무너져도 솟아날 구멍이 있다"는 것이다.

대조적으로 불신을 더 많이 발달시킨 사람들은 이 세상에 자신이 어려울 때 아무도 자신을 도와줄 사람이 없고 원하는 것을 얻을 수 없을 것이라고 믿기 때문에 불안해진다. 이런 불안한 상태에서 살아갈 수는 없기에 이들은 자신이 믿을 것을 스스로 만들어내서 지나친 불안으로부터 자신을 지켜줄 '방어기제'(防禦機制)를 작동시킨다. 이 방어기제가 '우상 숭배'(偶像崇拜, idolism)이다. 이런 사람들은 스스로 우상을 만들고 그것을 숭배하면서 자신을 도와주고 보호해줄 것이라는 믿음을 가지고 안전함을 느낀다.

이처럼 우상은 불신과 두려움을 바탕으로 성장한다. 이웃과 세상을 믿지 못하면 못할수록 더욱 불안해진다. 불안해지면 질수록 믿을 만한 대상을 필요로 한다. 하지만 자연적으로 믿을 수 있는 대상을 얻지 못하면 믿을 수 있는 대상을 인위적으로 만들고, 그 우상을 믿음으로써 마음의 위안을 얻으려고 한다. 청소년들이 연예인들을 우상으로 삼고 몰두하고 일거수일투족을 흉내 내고 따라다니면서 마치 자신이 그 연예인이라도 된 듯한 '동일시의 착각'에 빠지는 것도 청소년기가 매우 불안한 시기이기 때문이다. 지금까지 전적으로 의지하고 살아온 부모에게서 독립하여 독자적으로 세상을 살아가야 하는 청소년들은 불안할 수밖에 없다. 그렇기 때문에 그 불안을 친구들과 어울리면서 벗어나려고 하고 또 멋있고 힘 있어 보이는 연예인이나 운동선수와 동일시하여 자신도 그런 사람이라고 착각하며 살아간다.

하지만 건강한 종교와 우상 숭배 사이에는 큰 차이가 있다. 그 차이는 숭배 대상이 가지고 있는 '힘'의 원천이다. 진정한 종교의 숭배 대상은 원래 '힘'을 가지고 있다고 믿는 대상이다. 하지만 우상은 원래 힘이 있는 존재가 아니라 내가 만든 존재다. 따라서 우상이 힘을 가지고 내게 위안을 주려면 그 힘을 내가 만들어주어야 한다. 그런 이유로 우상을 의지하면 할수록 나는 점점 더 약하게 되는 '빈곤의 악순환'에 빠지게 된다. 우상에 빠진 사람의 말로는 비참하다. 왜냐하면 자신이 그나마 가지고 있던 힘을 우상에게 투여하고 마지막에는 생애 초기의 나약하고 무기력한 존재로 퇴행하는 삶을 살아가게 되기 때문이다.

건강한 종교와 사이비 · 이단 종교의 차이 또는 성숙한 신앙과 미성숙한 신앙의 차이는 결국 현실을 직시하고 어려움을 이겨나 가면서 하루하루를 희망차고 힘차게 살아갈 수 있는 '힘'과 '의미' 를 주는 종교인지 여부와 그렇게 믿는가 여부에 달려있다. 건강한 종교를 성숙하게 믿는 사람은 그 '믿음'의 힘으로 현실을 더 보람 있게 살아갈 수 있는 '힘'을 계속 공급받는다.

이상의 설명에서도 이미 암시되어 있지만, 생애 첫 단계인 유 아기는 우리 삶에서 종교적인 특징을 만들어가는 '기본적' 시기이 다. 특정 대상을 믿는 것은 정통 기독교에서 가르치는 하나님을 믿는 것이나 우상을 믿는 것이나 심리적으로 동일한 기제에 바탕 을 두고 있는 것이다. 다시 말하면, 기독교에서 가르치는 하나님 을 믿는 것이나 우상을 믿는 것이나 믿음이라는 심리적 기제가 발 달하는 과정은 동일하다. 다만 신뢰의 바탕에서 믿는 건강하고 성 숙한 종교성과 불신을 바탕으로 믿는 병적이고 미성숙한 우상 숭 배가 다를 뿐이다.

영 · 유아기 때 자신을 돌보는 이를 믿는 경험이 강한 사람은 돌보는 이가 눈에 보이지 않아도 자신이 필요할 때는 언제나 나타 나 자신을 도와줄 것이라 믿고 있기에 눈에 보이지 않아도 불안해 하지 않는다. 자신이 힘들 때 도와줄 것이라고 믿기 때문에 어려 움 속에서도 희망이 있을 수 있다. 하지만 불신이 있는 사람은 하 나님이 눈에 보이지 않기 때문에 그 존재에 대해 믿을 수 없다. 따 라서 불안한 마음이 커지기 때문에 지금 눈에 보이고 자신에게 도 움을 준다고 확신을 시켜주는 대상을 믿게 된다. 그 대상은 물건일 수도 있고 사람일 수도 있다. 또는 현실 속에서는 존재하지 않고 단지 환상 속에서만 존재하는 대상일 수도 있다.

사이비 · 이단에 빠지는 사람들의 마음속에는 불안함이 크게 자리잡고 있다. 이들은 자신이 어려울 때 아무도 도와주지 않을 것이라고 믿기 때문에 심한 불안을 느낀다. 그렇기 때문에 자신을 지켜줄 수 있다고 믿을 수 있는, 구체적으로 눈에 보이는 대상에 쉽게 빠지게 된다. 눈에 보이지 않는 천국과 구원의 교리는 그들의 불안을 잠재워줄 수 없다. 하지만 눈에 보이는 교주가 자신을 믿으면 죽지 않고 영원히 살아서 부귀와 권세를 누린다는 교리에 쉽게 빠져들 수 있다. 안 보이는 천국에 대한 교리 교육은 기대한 만큼 그들의 심한 불안을 경감시켜주지는 않는다.

2) 동기적 측면

유명한 심리학자 매슬로(A. Maslow, 1968, 1987)에 의하면, 인간은 본성적으로 '자기-초월적'이다. 그는 인간의 존재는 진(眞), 선(善), 미(美), 정의(正義)를 추구하는 근원적 경향이 있다고 주장한다. 그렇기에 환경적 장애가 없다면 모든 인간은 개인적 성장, 창조성, 자족적 삶을 지향하는 본성을 가지고 있다. 자하면서 자기-실현을 넘어 자기-초월이 삶의 궁극적 목표라고 제안했다. 하지만 이런 목표는 단계적 욕구가 충족되었을 때 나타난다. 이런 욕구는 타고난 것으로 욕구는 강도와 중요성에 따라 계층적 단계로 배열되어 있다. 각 단계를 조금 더 설명하면 다음과 같다.

(1) 생리적 욕구의 단계

욕구단계설의 첫 단계는 인간에게 있어 가장 기본이라 할 수 있는 생리적 욕구이다. 즉, 가장 기본적인 욕구는 '살아있음'의 욕구이다. 음식, 물, 산소, 잠, 위험으로부터 보호 등이다. "금강산도 식후경"이란 말이 이 욕구의 중요성을 잘 나타내주고 있다. 인간이 물론 '빵'만으로 사는 것은 아니지만, 춥고 배고픈 문제가 해결되지 않는다면 더 고차적인 욕구는 나타나지 않는다.

(2) 안전 욕구의 단계

일단 생리적 욕구가 어느 정도 충족되면 안전의 욕구가 나타난다. 이 욕구는 근본적으로 신체적 및 감정적인 위험으로부터 보호되고 안전해지기를 바라는 욕구이다. 이런 욕구는 안정, 구조, 법과 질서, 예측성, 질병과 공포 등의 위협으로부터의 보호 등을 포함한다. 매슬로는 종교적 믿음과 철학적 신념도 인간이 자신의 세계와 대인관계를 조직하고, 그 안에서 안전함을 느끼게 해주는 중요한 기능을 담당한다고 보았다.

(3) 소속감과 사랑의 욕구

일단 생리적 욕구와 안전 욕구가 어느 정도 충족되면 소속감이나 애정 욕구가 지배적인 것으로 나타나게 된다. 이 단계에 이르면 집단을 형성하고, 그들로부터 인정과 사랑을 받으려는 욕구가 강하게 나타난다. 인간은 사회적인 존재이므로 어디에 소속되거나 자신이 다른 집단에 의해서 받아들여지기를 원하고 동료와 친교를 나누고 싶어 한다. 또 이성 간의 교제나 결혼을 갈구하게 된다. 매슬로는 성인의 사랑을 결핍적 사랑(deficient-love)과 존재적 사랑(being-love)으로 나눴다. 결핍적 사랑은 자신의 결핍된 욕구를 충족시키기 위해 타인을 수단으로 사용하는 사랑이다. 존재적 사랑은 타인을 하나의 존재로 인정하고 다른 사람을 수단이 아니라 목적으로 인정하며, 자신이 원하는 대로 바꾸거나 이용하려고 하지 않는 사랑이다.

(4) 존경의 욕구

사랑의 욕구가 해결되면 자기-존중과 타인으로부터 존중을 받고자 하는 욕구가 나타난다. 자기-존중의 욕구는 능력, 자신감, 성취, 독립, 자유에 대한 갈망 등으로 나타난다. 타인으로부터 존중은 지위, 인정, 평판, 명망(名望), 수용 등에 대한 갈망으로 나타난다. 이 욕구가 충족되면 자긍심, 유능감 등을 얻게 된다. 이 욕구의 충족은 철저히 자신에 속한 실제적인 가치-요인으로부터 얻어져야 한다. 자신의 통제를 벗어난 외부의 요인에 주어진 존경은 이 단계의 만족에 큰 도움이 되지 못한다.

(5) 자기실현의 욕구

존경의 욕구가 충족되면 자기실현의 욕구가 나타난다. 매슬로에 의하면, 자기실현의 욕구는 "자신이 될 수 있는 모든 것이 되려는 욕구"이다. 이 욕구를 가진 사람은 자신의 재능, 능력, 잠재력을 남김없이 사용하여 그 자신의 잠재력을 극대화하는 삶을 사는 사람이다. 각 사람이 자신의 잠재력을 극대화하기 때문에 자기실현이 나타나는 양상과 영역이 서로 다르다. 즉, 개인 간의 차이가 가장 극명하게 나타나는 단계이다.

매슬로에 의하면 자기실현의 단계에까지 이른 사람은 많지 않다. 그는 미국의 전체 인구 중 오직 1%만이 이 단계에 이르렀다고 평가했다. 그렇다면 일견 그의 이론은 모순적이다. 모든 사람이 본질로 자기실현을 하려는 본성을 가지고 있다면 왜 그렇게 소수의 사람만이 그 단계에까지 도달할 수 있는지 의문이 생긴다. 그 이유는 첫째, 대다수의 사람이 자신의 잠재력을 알지 못하는 데 있다. 대부분은 자신에게 잠재력이 있다는 것을 알지 못할 뿐만 아니라, 자기실현을 했을 때의 기쁨을 알지 못한다. 알지 못하니 추구(追求)하지도 않는다. 오히려 대다수의 사람은 자신의 능력을 의심하고 심지어는 두려워하면서 자신의 잠재력을 실현시킬 가능성을 감소시키기까지 한다. 그는 이 현상을 성경의 인물을 본 따 '요나 콤플렉스'(Jonah complex)라고 불렀다.

둘째, 사회 문화적 환경이 자주 특정한 규범을 부과하거나 특정 범주의 사람들에게는 기회를 박탈함으로써 자기실현을 막는다. 비근한 예로는, 한 사회가 가지고 있는 남성성과 여성성의 고정관념이다. 이 고정관념에 벗어나는 사람에게는 유형·무형의 압력을 행사해 결국 고정관념에 따르도록 강제함으로써 자기실현을 막는다. 다른 말로 하면, 많은 사람이 자기실현을 하기 위해서는 사회가 각 사람의 잠재력을 극대화할 수 있는 '촉진적' 환경을 만들어주어야 한다.

자기실현을 막는 마지막 장애는 안전의 욕구가 너무 심하게 부정적 영향을 끼친다는 것이다. 자기실현을 하기 위해서는 위험을 감수하고 실수를 두려워하지 않고 기존의 관습을 타파해야 한다. 이것은 용기가 필요하다. 이런 용기는 비록 실수하고 기존의 관습을 타파하는 행동을 해도 인정과 사랑을 받을 수 있다는 믿음, 즉 안전의 욕구가 충족되어야만 한다. 이 믿음이 없다면 용기 있는 행동을 할 수 없다. 그렇기에 많은 사람이 자기실현을 하기 위해서는 가정과 교회에서 안전의 욕구를 충분히 만족시켜 주어야 한다.

종교의 중요한 기능 중 하나는 불안한 현실 세계에 안정과 삶의 방향을 제시하고 그 방향으로 두려움 없이 나갈 수 있는 용기를 주어야 한다. 이를 위해 말로 하는 훈계나 설교보다는 실제로 안전의 경험을 쌓을 수 있는 기회를 마련해주어야 한다.

공부도 많이 하고 사회적 지위도 있는 사람들이 쉽게 사이비·이단 종교에 빠지는 이유는 이들의 안전의 욕구를 사이비·이단 종교가 더 효과적으로 충족시켜주기 때문이다. 안전의 욕구가 해결되지 않은 사람은 막연히 하늘에 계신 하나님이나 죽은 후에 천국에서 만나는 하나님이 아니라 바로 눈앞에 살아있는 '구원자'를 만나고, 그를 믿고 그가 지시하는 행동을 한다면 영생을 얻고 제사장 같은 권세를 누린다는 감언이설(甘言利說)에 더욱 취약하게 된다. 왜냐하면 하위 단계에 오래 머물게 되면 후에 충분히 이 단계를 만족시킬 객관적 조건을 갖추더라도 심리적으로 고착(固着)된다. 예를 들면, 아동기에 심하게 굶주리면서 성장한 사람은 성인기에 충분히 배고픔을 면할 수 있는 경제적 여건이 됨에도 불구하고 '만성기아'(慢性飢餓) 상태를 경험한다. 마찬가지로 어린시절에 안전의 욕구가 충족되지 않은 사람은 성인이 되어서도 '만성불안전' 상태에 머물게 된다.

3) 신앙 발달적 측면

에모리(Emory)대학교의 파울러는 피아제(Jean Piaget)의 인지발달 이론이나 콜버그(Lawrence Kohlberg)의 도덕관발달 이론의 도움을 받아 '신앙발달(faith development)'에 대해 체계적으로 연구하였다(Fowler, 1981). 그는 '신앙'도 전 생애에 걸쳐 발달하며, 이 발달은 체계적으로 이루어진다고 주장하였다. 신앙 발달의 단계를 이론화했고, 경험적인 연구를 통해 자신의 이론을 검증하였다.

그에 의하면 인간은 태어날 때부터 혼란스러운 세상으로부터 일종의 질서를 확립하여야만 한다. 그렇게 하는 과정에서 사람은 자신이 믿고 살아갈 수 있는 체계적인 의미를 발견하거나 만들어 나간다. 이런 의미에서 "신앙은 사람들의 세상살이에 질서를 유지시켜 주는 '가치와 힘의 중심'(centers of value and power)을 알아차리고 헌신하는 방식"이다. 다른 말로 하면 "신앙은 인간 존재의 궁극적 조건(ultimate conditions)들을 파악하고, 그것들을 자신의 반응과 주도성과 행위를 조성할 수 있는 근거가 되는 포괄적인 이미지로 통합하는 것"이다. 파울러의 신앙발달단계를 조금 더 자세히 소개하면 다음과 같다.

(1) 0단계: 원초적-미분화된 신앙

이 첫 단계는 영아기에 시작되는 신앙의 형태로서, 신앙이라고 부를 수 없는 '전(前)-단계'이다. 부모 및 다른 사람들과의 관계의 상호성 안에서 형성되는 언어 이전의 단계라고 파울러는 설명한다. 이것은 돌봄과 상호 교환과 상관성의 기본적 의식 안에서 형성된다. 비록 이 시기가 신앙의 단계라고 부를 수 없는 원시적인 형태이긴 하지만, 앞으로 건강한 신앙을 발달시켜 나갈 심리적 초석을 마련하는 단계이다.

(2) 1단계: 직관적-투사적 신앙

3세에서 7세에 어린이들이 가지는 신앙적 특징은 환상과 현실을 구분하지 못하고, 자기중심적이라는 것이다. 이 단계의 신앙은 부모 등과 같이 밀접한 관계가 있는 어른들이 보이는 신앙의 실례들이나 분위기, 이야기 등에 의해 강력하고 지속 영향받을 수 있는 환상으로 가득 찬 모방적인 단계이다. 이 시기에서의 위험성은 바로 이 상상력이 지나쳐 어른들이 주입하는 억제될 수 없는 공포 혹은 파괴적인 이미지들에 사로잡히게 되는 것과 반면 금기나 도덕적 교리적 기대를 강요함으로 상상력을 악용하게 되는 것이다.

(3) 2단계: 신화적-문자적 신앙

이 단계의 신앙은 초등학교 시기 및 그 이후에서 나타난다. 이 시기에서는 구체적인 사안에 대해 조작적 사고를 할 수 있는 인지적 능력이 발달한다. 이 시기에는 신화와 실재를 구분할 수 있고,

환상과 사실을 구분할 수 있다. 이 단계에서는 다른 사람의 관점으로 들어갈 수 있고, 설화 및 이야기 안에서 삶과 의미를 파악할 수 있게 된다. 이 단계에서는 직관을 믿지 못하고, 진리는 외부적인 기준에 의해 결정된다. 문자 그대로의 도덕을 따르려 하고, 상징적 의미들은 구체적이다.

(4) 3단계: 종합적-인습적 신앙

이 단계의 신앙은 특별히 청소년 초기에 나타나기 시작한다. 인지적으로는 형식적 조작기로 접어들면서 자신이 살고 있는 세상을 이해하기 위해서 추상적 생각과 개념들을 사용하게 된다. 그리고 일상 세계는 가족, 친구, 사회 등으로 급격히 확대되고, 언론 매체 등을 이용할 수 있게 된다. 갑자기 확대되는 넓은 세계에는 종합적으로 사고해야 할 다양한 요인들이 존재하기 때문에, 일관된 방향이 필요하게 된다. 이렇기 때문에 이 시기에는 신앙은 가치나 정보들을 종합해야 한다. 따라서 지금까지 의심 없이 받아들였던 권위들과 심각한 충돌을 일으키게 되고, 이전에는 신성하고 파기될 수 없는 것으로 생각되었던 종교적 교리나 의식(儀式)들과 갈등을 일으킨다. 그리고 자신 나름의 가치를 형성하고 그것에 의해 종합하려는 노력을 하게 된다.

(5) 4단계: 귀납적-반성적 신앙

청년들에게 주로 많이 나타나는 이 단계에서는 중요한 변화가 일어난다. 즉, 피할 수 없는 긴장에 직면하는 것이다. 그것은 귀납적이고 성찰적 단계로 나아가기 위해서 우리의 삶 속에서 지금까지 무비판으로 형성된 가치와 신념에 대해 의문을 품고, 나름대로 해답을 추구하며, 기존의 답을 수정하는 것이다. 이런 직면은, 예를 들면, 집단의 일원으로 행동할 것인지 아니면 개인적으로 활동할 것인지에 대해 판단하고 결정하는 것 또는 절대성을 믿을 것인지, 아니면 모든 것이 상대적이라는 것을 믿을 것인지 등의 여부를 판단하고 결정하는 것 등이다. 이전에는 중요한 타인들의 상호 인격적 관계에 근거하여 그 정체성과 신앙 구성을 유지하였지만, 이제는 더 이상 다른 사람들에 대한 자신의 역할(들)이나 의미(들)의 구성에 의하여 정의되지 않는다.

(6) 5단계: 결합적 신앙

이 단계는 주로 중년기 또는 그 이후에 나타난다. 이 단계는 자기와 진리의 본질인 모순성 사이의 양극적인 긴장을 발견하면서 시작된다. 이런 긴장을 회피하지 않고 직면하면서 삶 속에서 모순들을 통합하게 된다. 이렇게 되기 위해서는 자신이 모든 것을 다 알 수는 없다는 인식론적인 겸손을 발달시켜야 한다. 진리는 더 이상 양자 간의 선택이 아니라, 상대적이라는 것을 깨닫게 된다. 이 결과로 이제는 모순적인 진리를 편하게 수용할 수 있고, 개인적으로나 신앙적으로 이분법적으로 사고할 필요가 없게 된다.

(7) 6단계: 보편적 신앙

소수의 사람만이 이 단계에 도달한다. 이 단계에 도달하기 위해서는 자신의 현재의 삶과 궁극자와 일치된 삶과의 불일치가 초래하는 간극을 극복하려고 노력해야 한다. 이 단계에 도달한 사람들은 '궁극적 환경'과 하나됨을 느끼고, 모든 존재를 다 받아들이는 느낌을 가지게 된다. 이들은 인간이 나눈 범주들을 극복하고 '세상을 통일하고 변형시키는' 힘과 더불어 살아간다고 믿는다. 이 단계에 도달한 사람들에게는 세상에서 통용되는 차이나 차별은 의미가 없고, 그런 차별과 차이를 뛰어넘는 본질적인 힘을 믿는다. 동시에 그들은 세상을 그런 공동체로 만들려고 노력하고, 그들의 헌신에 힘입어 세상은 조금씩 변화되어 간다. 하지만 그들은 또한 그 노력 때문에 처벌을 받기도 한다. 간디(Mahatma Gandhi)나 링컨(Abraham Lincoln), 마틴 루터 킹(Martin Luther King Jr.), 테레사 수녀(Mother Teresa) 등이 이런 단계에 도달한 사람들이다. 그리고 이들 중 테레사 수녀를 제외한 세 분이 암살당했다는 사실은 이런 단계의 신앙을 가지고 현실 속에서 실천하려는 것이 얼마나 힘든지를 단적으로 보여주고 있다.

　신체적인 발달과 달리 신앙은 나이를 먹어갈수록 자연적으로 발달하는 것이 아니다. 사람에 따라서는 노년기가 되더라도 낮은 단계의 신앙발달단계에 머물면서 더 이상 발달을 하지 않는 사람들도 많이 있다. 안전하고 성숙한 신앙적 환경에서 성장할 때만 높은 단계의 신앙을 발달시킬 수 있다. 파울러도 언급했듯이, 스스로 신앙심이 깊다고 자부하는 사람들도 대부분 3단계에 머물고 있다. 3단계를 넘어서기 위해서는 지금까지 부모나 자신이 속해 있는 종교교육에서 '진리'라고 무비판으로 습득한 내용에 대해 회의적인 시각을 가지고 비판적으로 사고해야 된다. 동시에 단순히 종교 집단의 일원으로 행동할 것인지 아니면 주체적인 개인으로 사고하고 행동할 것인지를 선택해야 하는 힘든 과제를 성실히 수행해야 한다. 동시에 자신이 믿는 종교의 절대성에 대해 회의해보아야 한다.

이런 질문을 한다는 것은 괴롭고 외로운 작업을 해야 한다는 것을 의미한다. 하지만 자신의 삶에 대해 지나친 불안을 느끼고 믿을 만한 대상이 없다고 느끼는 사람은 쉽게 동조하고 교주의 말을 쉽게 믿게 된다. 이들에 의하면 자신이 믿는 교주는 '구원자'이고, 자신처럼 그를 구원자로 믿는 '믿음의 동지들'만이 진실한 사귐을 가질 수 있는 대상으로 받아들이게 된다. 모든 사이비·이단 종교에 빠지는 심리적 배경에는 미성숙한 신앙 발달이 있다.

III. 사이비·이단 종교 집단에서 못 빠져나오는 이유

1. 사회적 이유

대다수의 사이비·이단 종교는 신도들을 일차적인 유대 조직인 가족과 친구에서 분리시킨다. 그리고 자신이 교주로 있는 종교 집단에 종속시킨다. 같은 교회에 속한 사람들끼리 합숙을 시키기도 하고 더 나아가서는 같은 촌락을 이루고 전 가족이 함께 거주하도록 한다. 박대선 장로의 전도관은 소위 '신앙촌'이라는 집단 거주지를 만들고 교도들을 그 안에서 살도록 유도한다. 노동력을 값싸게 동원하면서 제품을 만드는 등 경제 행위를 시킨다. 신옥주는 아예 자신을 따르는 교인들을 감언이설로 속여 피지섬으로 집단 이주하게 만들었다. 그래야만 자신들의 조직에 묶어놓을 수 있기 때문이다. 이미 사이비 인단 종교 단체에 몸담으면서부터 사실상 돌아갈 거점을 잃어버리는 것이다. 이들은 자신들이 사이비·이단에 빠졌다는 것을 깨닫기는 하지만 이미 가족과 친구들에게서 떠나왔기 때문에 다시 돌아갈 엄두를 내지 못하고 그 조직에 계속 머물러 있을 수밖에 없다.

2. 심리적 이유

1) 인지부조화

사이비·이단 종교에 빠진 사람들은 비록 자신이 믿고 있었던 교리가 잘못된 것이고 또 소속해 있던 종교 조직이 사교(邪敎) 단체에 불과하다는 것을 깨닫게 되도 쉽게 빠져나오지 못한다. 바로 이런 현상을 이해하기 위해 심리학에서 유명한 이론이 탄생하였다. 스탠퍼드(Stanford)대학교의 심리학 교수인 레온 페스팅거는 1950년대에 한 지역 신문에서 흥미로운 기사를 접했다. 그 기사에 의하면, 어느 마을에서 한 종교 지도자가 신으로부터 직접 "세상은 큰 홍수로 곧 종말이 올 것이고 자신을 믿는 사람만 우주선이 와서 구원을 받는다" 내용의 계시를 받았다고 포교를 하고 있다는 내용이었다. 이 종교를 믿는 사람들은 재산을 다 정리해 이 교주에게 헌금하고 집단으로 모여 기도하면서 이 종말의 날을 기다리고 있다는 것이었다. 더군다나 이들은 자신의 가족이나 친지들에게 은밀히 이 교리를 전하면서 자신들과 같은 길을 가도록 전도를 하고 있다는 것이었다.

이 집단에 참여한 페스팅거가 관심 있었던 부분이 바로 자신들의 믿음대로 이루어지지 않을 때 어떤 행동이 일어날 것인지에 대한 것이었다. 일견 황당하게 보이는 이 교주를 믿은 사람들은 실제로 전 재산을 이 교주에게 맡기고 철야 기도에 들어갔다. 드디어 지구가 멸망할 것이라고 교주가 예언한 그 날이 오자 이들은 평소보다 더 열정적으로 기도하고 찬송하며 종말과 구원의 순간을 기다렸다. 하지만 그 순간에도 아무 일도 일어나지 않았다. 큰 홍수는커녕 하늘은 맑았고 빗방울 하나 떨어지지 않았다. 하늘에서 우주선이 오지 않은 것은 말할 나위도 없었다.

이 상황에서 전 재산을 헌금하고 세상과 등지고 기도하던 사람들은 어떤 태도를 보였을까? 상식적으로 생각한다면, 자신들이 황당한 교리에 속았다는 것을 깨닫고, 혹세무민(惑世誣民)한 교주를 비난하고 손해를 배상하라는 요구를 하고, 가정으로 돌아가 일상적인 생활을 영위할 것이다. 하지만 결과는 정말 비상식적인 방향으로 흘러갔다. 잠시의 충격의 시간이 지난 후 교주는 큰소리로 신도들에게 외쳤다. "우리가 열심히 기도하고 찬송한 덕분에 하나님이 지구를 멸망시키려는 계획을 변경하셨다. 우리가 세상을 구했다." 그러자 이 말을 들은 신도들은 자신들이 지구를 살렸다는 기쁨의 축제를 벌이고, 오히려 그 교주를 전보다 더 신실하게 믿었다. 그리고 지금까지의 은밀하고 소극적인 태도에서 벗어나 오히려 더 공개적이고 적극 자신의 믿음을 알리고 선교하기 시작했다(Festinger, 1957).

이 비상식적인 행동을 이해하기 위해 페스팅거는 유명한 실험을 고안했다. 스탠퍼드 대학에 중요한 심리 실험에 참여할 지원자를 모집한다고 공고를 했다. 지원자들에게 누가 보아도 지루한 일을 장시간 하게 한 후, 지원자를 두 집단으로 나누었다. 한 집단에게는 수고비로 1달러를 주고 다른 집단에게는 20달러를 지불하였다. 실험에 참가한 것이 얼마나 즐거웠고 의미가 있는지를 평가하게 하였다. 결과는 놀라웠다. 상식과는 반대로 20달러를 받은 집단보다 1달러를 받은 집단이 실험이 더 재미있었고, 과학적 의미도 클 것이라고 대답했다. 이처럼 일반적인 상식으로는 이해하기 어려운 일들이 우리 주위에서 비일비재하게 일어나고 있다.

페스팅거는 이런 현상을 설명하기 위해 '인지부조화'(認知不調和) 이론을 고안했다. 이 이론의 핵심은 우리는 태도와 행동 사이에 일관성을 유지하기를 원한다는 것에서 출발한다. 따라서 대부분의 경우 우리는 태도와 일치하는 행동을 한다. 하지만 만약 태도와 행동 사이에 불일치가 일어나면 우리는 불편함을 느끼고 일관되게 바꾸려고 한다. 이런 상태를 '인지부조화' 상태라고 부른다. 이 부조화 상태를 일치시키는 방법은 두 가지가 있다. 첫째는 태도에 맞게 행동을 바꾸는 것이다. 둘째는 이미 한 행동을 바꿀 수 없다면 그 행동에 맞게 태도를 변화시킨다. '인지부조화' 이론은 바로 이미 한 행동에 일치되게 태도를 정하거나 변화시키는 과정을 설명하는 이론이다(Festinger, 1957).

'인지부조화' 이론을 이용하면 대학생들의 행동을 쉽게 설명할 수 있다. 지루하고 단순한 작업을 마치고 난 후 20달러를 받은 학생들은 어쨌든 큰 보상을 받았으니 느낀 대로 재미없었고, 큰 의미가 없을 것이라고 솔직하게 말할 수 있다. 하지만 자신들이 행한 지루한 작업의 대가로 1달러를 받았다는 것은 스스로 정당화하지 못한 상황이다. 그렇기 때문에 이들은 작업이 재미있었고, 큰 의미가 있다고 생각하게 된다는 것이다.

이제는 왜 사이비 종교 집단에 빠진 사람들이 그 교주의 실체와 교리의 허구를 접하고도 빠져나오지 못하는지 이해할 수 있다. 위의 예에 나온 신도들은 이미 교주와 종교 집단에 깊게 개입이 되어 있었다. 즉 이들은 교주에게 호감을 느끼고 있었기 때문에 재산을 헌금하고 그 집단에서 기꺼이 생활하였다. 만약 교주가 자신이 믿고 따랐던 '메시아'가 아니라 비윤리적인 성폭행을 다반사로 저지르는 사기꾼에 불과하다는 객관적 사실을 직시할 경우, 그동안 자신의 행동이 너무나 어리석었다는 것을 인정하고 그 교주에게서 벗어나야 한다. 하지만 이미 교주에게 빠져버린 자신의 행동을 바꿀 수는 없으니까 현실을 외면하고 계속 교주에게 신뢰를 보낼 수밖에 없게 된다. 이들은 객관적 사실을 믿는 쪽보다는 차라리 원래의 생각을 더 공고히 하는 방법으로 '인지부조화'를 해결한 것이다.

2) 일관성 유지

사이비·이단 종교 집단의 특징 중 하나는 교인들 사이에 강한 사회적 유대를 맺게 만든다는 것이다. 모든 사이비·이단 집단의 포교는 가족이나 친구 등 이미 좋은 대인관계를 맺고 있는 사람들을 대상으로 포교하는 전략을 사용한다. 이런 전략이 효과적이라는 것을 잘 설명해주는 사회심리학 이론이 '균형이론'(均衡理論, balance theory)이다. 사회심리학자 하이더가 주창한 균형이론은 태도의 형성과 변화를 설명하는데 좋은 이론이다(Heider, 1958). 이 이론은 '한 특정한 사람이 한 사안에 대해 가지고 있는 단순한 인지 체계 안에 있는 정서들 사이에는 일관성을 향한 압력이 있다'는 것이다. 이런 인지 체계는 전형적으로 한 사람(person: p), 다른 사람(other person: o), 태도 대상(attitude object: x)으로 구성되어 있다. 이 체계에는 최소한 한 인지 체계 안에는 세 요인이 있기에 각 요인에 대한 세 가지 평가가 있을 수 있다. 첫째는 첫 번째 사람(p)의 다른 사람(o)에 대한 평가, 둘째는 다른 사람(o)의 태도 대상(x)에 대한 평가, 셋째는 첫 번째 사람(p)의 태도 대상(x)에 대한 평가이다. 사람들은 일반적으로 평가들이 일관되기를 바란다는 것이다. 이런 경향을 '일관성(一貫性)원리'라고 한다.

각 요인에 대해 긍정(+)이나 부정(-)의 평가가 있고 세 요인이 있기에 8(2×2×2)가지 조합이 나온다. 이 8가지 조합 중 세 평가의 곱이 긍정이 되면 일관된 것이고, 이를 균형상태라고 부른다. 대조적으로 세 평가의 곱이 부정이 되면 일관적이 못한 것이고,

이 상황을 불균형상태라 부른다. 8가지 조합 중 4가지는 균형상태
(+×+×+, +×-×-, -×+×+, -×+×-)이고, 나머지 4가지는 불균형상
태다. 균형이론에 의하면, 사람은 균형상태에서 마음이 편하고,
불균형상태에는 불편함을 느낀다. 그리고 불균형상태를 균형상
태로 바꾸려는 심리적 압력을 느낀다.

　먼저 특정 대상에 대해 확실한 태도를 형성하지 않은 상태를
예를 들어 설명해보자. 영희(p)와 철수(o), 특정한 종교인 신천지
(x)를 생각해보자. 평소에 신천지에 대해 별 관심이 없던 영희와
신천지 교인인 철수가 있다. 이 경우 영희의 신천지에 대한 태도
는 어떻게 형성될까? 그것은 영희의 철수에 대한 호오(好惡)에 영
향을 받는다. 만약 영희가 철수를 좋아하게 되면(+) 당연히 영희
는 철수가 소속되어 있는 신천지(+)를 좋아하게(+) 된다(+×+×+
= +). 즉, 균형상태를 위해서는 평소 관심이 없었던 신천지에 대해
긍정적 태도를 형성하게 된다. 반면에 철수를 싫어하면(-) 철수가
속해있는 신천지(+)에 대해 부정적인 태도(-)를 형성하게 된다(-×
+×-= +). 즉 신천지를 싫어하게 된다. 다시 말하면, 사이비·이단
종교인 신천지에 대한 영희의 태도는 철수와의 관계에 큰 영향을
받는다.

　평소 특정 인물에 대해 별다른 태도가 없었지만, 자신이 속한
진영이나 친구들이 그 인물에 대해 긍정적이면 자신도 그 인물에
대해 긍정적 태도가 된다. 그 반대도 역시 마찬가지이다. 일단 특
정 인물에 대해 호감을 가지게 되면 그가 하는 모든 행동 또는 그
가 행하는 모든 조치에 대해 긍정적 평가를 하게 된다. 이렇게 일

관된 태도가 형성된다. 신천지 등 사이비·이단 종교의 포교 수단이 교리에 대한 소개보다 먼저 포교 대상자와의 친분을 중요시하는 이유가 바로 여기에 있다. 특히 사이비 교주인 '구원자'에 대해 큰 신뢰를 형성한 후에는 그가 저지르는 비도덕적 반사회적 행동에 대해서도 비판의 기능을 상실하는 이유도 마음의 균형을 잡기 위한 것이다.

두 번째 이미 특정 대상에 대해 뚜렷한 태도를 형성하고 있는 경우를 예를 들어보자. 이미 특정 대상에 대해 확고한 태도를 형성한 경우 일관성을 유지할 수 있는 상황을 선택한다. 예를 들면 이미 신천지의 교인인 영희는 다른 신천지 교인들과 더욱더 굳건한 관계를 맺게 된다. 대개의 사이비·이단 종교 집단이 같은 신앙을 가진 사람들끼리 집단을 이루어 생활하는 것을 선호하는 이유이다.

자신이 가지고 있는 태도에 반하는 사건을 접하면 어떤 반응이 일어날까? 예를 들면, 이미 신천지 교인(+)인 영희가 신천지를 싫어하는(-) 철수를 좋아하게(+) 되는 경우에는 불균형상태($+ \times - \times + = -$)에 놓이게 된다. 이럴 경우 영희는 마음에 큰 갈등을 느끼게 된다. 일관성 원리에 따르면, 이 경우에는 영희는 혼란에 빠진다. 사람들은 일반적으로 좋아하는 사람이 좋아하는 것을 좋아할 때 마음이 편하다. 반대로 사람들은 일반적으로 자신이 싫어하는 사람이 좋아하는 것을 싫어한다. 또한 자신이 싫어하는 사람을 좋아하는 경우 마음이 불편해진다. 이 불균형상태를 균형상태로 만들어야 하는 심리적 압박을 느낀다.

이 경우, 영희는 몇 가지 방책을 사용할 수 있다. 이 방책 중에서 영희는 제일 심리적 에너지를 적게 쓰는 방향으로 문제를 해결한다. 이 경향을 '최소노력의 원리'라고 부른다. 즉 제일 심리적 에너지를 적게 드는 방책을 사용하여 균형상태를 만들게 된다. 영희의 신천지에 대한 믿음의 크기와 철수를 얼마나 좋아하는지에 따라 균형상태에 도달하는 방책이 달라질 수 있다. 예를 들면, 영희의 신천지에 대한 믿음의 강도가 8이고, 철수를 좋아하는 정도가 7 이하라면 자연스럽게 영희는 철수를 개종시키려 노력하다가 포기하고 결국 신천지 교인으로 남을 것이다. 반대로 철수에 대한 사랑이 더 크다면 영희는 신천지에 대한 믿음을 포기하고 철수를 택할 것이다.

우리는 합리적이고 이성(理性)적으로 판단하고 결정한다고 생각한다. 그리고 감정적으로 판단하면 이성적일 때보다 잘못된 선택을 하게 된다고 생각한다. 하지만 태도를 형성하거나 판단할 때 이성이 더 영향을 미치는지 감정이 더 영향을 미치는지는 사안에 따라 다르다. 선택의 결과가 우리의 생활에 큰 영향을 주는 사안이라면 가능한 한 감정을 배제하고 이성적으로 계산하고 판단할 것이다. 하지만 우리가 살아가면서 내리는 크고 작은 수많은 결정은 많은 경우 이미 감정적으로 판단하고 이성적으로 정당화(正當化)하는 경우가 많다.

IV. 회복과 적응을 돕는 방법

개인적 판단에 의해서건 혹은 사회적 압력에 의해서건 적지 않은 사이비·이단 단체에 몸담았던 사람들이 그 종교 단체에서 빠져나오고 있다. 또는 가족에 의해 아직도 그 단체에 호의적인 태도를 보이지만 강제적으로 분리된 경우도 많이 있다. 과연 이들을 어떻게 대해서 다시 정상적인 사회생활과 종교생활을 할 수 있도록 만들 수 있을까? 이 과제는 사이비·이단 단체에 빠지는 것을 방지하는 예방책과 더불어 매우 중요한 과제다.

상담의 필요

부모는 말할 것도 없고 형제자매 등 모든 가족이 공통으로 바라는 것은 "가족이 행복하게 사는 것"이다. 그리고 오랜 역사를 이어온 기존의 정통 종교 중에 가족과 이웃과의 화목한 관계를 중시하지 않는 종교는 없다. 하지만 앞에서 설명한 대로 사이비·이단 종교 단체는 선교 전략에 의해 가족을 등지게 만든다. 자녀를 또는 배우자를 사이비·이단 종교 단체에 빼앗기고 괴로워하는 가족의 고통은 이루 말할 수 없다. 자녀나 배우자의 소재를 몰라 종교 단체 주변을 배회하며 가족의 신상이 적힌 피켓을 들고 수소문하는 모습을 어렵지 않게 볼 수 있다. 하지만 종교 단체 책임자들은 교묘하게 가족의 신상을 감추거나 심지어는 위협을 하기도 한다.

수소문해 어렵게 자녀나 배우자를 만나도 이미 그들은 예전의 그 가족이 아닌 경우가 많다. 완전히 다른 사람이 되어 과거에 단란하게 지냈던 가족이라고는 전혀 믿어지지 않을 만큼 다른 사람으로 변해있는 경우도 왕왕 있다. 그런 상황에 직면했을 때 가족의 상심(傷心)과 절망감은 이루 말할 수가 없을 것이다.

강제적으로든 혹은 자발적으로든 가정에 돌아온 경우에도 가족과 친지들은 이들을 어떻게 대하여야 마음을 돌리고 예전과 같은 모습으로 돌아올 수 있을지 노심초사하는 경우가 많다. 이럴 경우 대부분 사이비 이단 종교 단체에 빠진 것이 적절치 못한 것이라 설득하려고 애를 쓴다. 대개 설득의 내용은 사이비·이단 종교의 교리가 얼마나 잘못된 것인지를 설명하여 자신의 과오를 깨닫게 하려는 데 초점이 맞추어진다.

하지만 사이비·이단 종교 단체에 빠졌던 혹은 현재도 빠져있는 가족들에게 그 종교 단체의 문제점이나 교리상의 틀린 점을 설명하는 것은 안타깝게도 기대했던 효과가 거의 나타나지 않는다. 프로이트의 큰 공헌은 인간의 행동은 의식보다는 무의식 그리고 이성(理性)보다는 감정에 더 큰 영향을 받는다는 것을 밝힌 것이다. 앞에서 설명했듯이, 사이비·이단 종교 단체에 빠지는 이유는 논리적으로 다양한 종교의 교리를 비교 검토해서 제일 합리적이라고 생각하는 종교를 택하는 것이 아니다. 특정 종교를 갖는 것은 이성뿐만 아니라, 다양한 심리적 요인에 의해 결정된다. 그렇기 때문에 감정적 요인에 대한 고려가 없는 일방적인 이성적 설명이나 비난은 행동 변화에 큰 효과가 없다.

지금도 정통 종교 단체에서 사이비·이단 대책으로 내놓은 것은 대부분 교리로 문제점을 나열하고 그것은 주지(周知)시키는 것이다. 하지만 이런 행위들이 기대한 만큼 효과가 나지 않는 것은 사이비·이단 종교에 빠지는 것은 인지적 측면보다는 감정적 측면이라는 사실을 깨닫지 못하기 때문이다. 그들에게는 훈계와 조언도 중요하지만, 더욱 절실하게 필요한 것은 그들의 마음속에 쌓여있는 감정을 풀어주는 동시에 삶에 대해 느끼는 불안감과 두려움을 인정해주고 힘을 주는 것이다.

그들은 자책감과 억울함 그리고 미안함이 강하다. 잘못된 사이비·이단 종교에 빠져있던 자신을 생각할 때 심한 자책감을 느끼고, 그렇게 잘못된 집단의 감언이설에 속아 살아온 것에 대해 억울하고 분노를 느낀다. 동시에 자신도 선량한 이웃을 잘못된 종교 단체로 인도한 자괴감이 심하다. 특히 지금도 그 집단에서 나오지 못하고 있는 지인(知人)을 생각할 때마다 극심한 자괴감과 죄책감에 시달린다. 이들에게는 이런 부정적 감정을 해소시켜 줄 상담이 절실히 필요하다.

1) 상담은 대화를 통해 화를 풀어주는 것

상담은 여러 가지로 정의할 수 있지만, 상담(相談)이라는 한자어를 풀어보면 제일 쉽게 이해할 수 있다. 상담은 '상대방'을 뜻하는 상(相) 자와 '이야기나 대화'를 뜻하는 담(談) 자로 구성되어 있다. 또 담(談) 자를 살펴보면, '말'을 뜻하는 언(言) 자와 '뜨겁다'는 것을 뜻하는 염(炎) 자로 구성되어 있고, 염(炎)은 '불'을 뜻하는 화

(火)자가 두 개가 있는 모습을 하고 있다. 이 한자들의 조합을 통해 알 수 있는 상담의 의미는 "상대방(相)의 마음속에 뜨겁게 타오르는 불(火)을 대화(言)를 통해 풀어주는 것"이다. 우리의 일상적인 말에서도 "화가 나서 열 받는다"라든지 또는 "네가 말썽을 부리니 엄마 속이 타들어 간다"라는 표현을 보면 그 의미를 조금 더 쉽게 이해할 수 있다. 한국 문화와 밀접한 관계가 있는 '화'는 간단히 정의하면, "몹시 못마땅하거나 언짢아서 발생하는 일절 부정적 감정"이다. 마음속에 화를 많이 담고 살면 폭력적으로 되거나, 아니면 마음의 병을 얻게 되는 데 이 병을 화병(火病)이라고 한다. 그리고 심하면 스스로 목숨을 끊기도 한다. 한국인의 자살률이 높은 것이 바로 이 화를 적절히 풀지 못하고 살고 있기 때문이다.

부모나 지인들이 사이비·이단 종교 단체에 빠졌다가 돌아온 사람들에게 무엇보다 먼저 좋은 상담자가 되어야 한다. 좋은 상담자가 된다는 것은 무엇보다 먼저 이들에게 훈계나 조언을 하는 것을 참아야 한다는 것이다. 이들도 자신들이 사이비·이단 종교 단체에 빠져 바람직하지 못한 생활을 해왔다는 것을 머리로는 이미 인지하고 있다. 그렇기 때문에 다시 그 사실을 지적받는다면 한편으로는 쑥스럽고 자괴심이 느껴지지만 다른 한편으로는 자신들이 비난받는다고 느끼기 때문에 자신들의 마음을 쉽게 열 수 없다. 이 사실은 마치 학교에 안 가는 학생들이 결석하는 것은 좋지 않은 행동이라는 것을 이미 알고 있는 상황에서 출석하는 것이 바람직하지 못하다고 충고를 듣는 것과 마찬가지이다. 부모와 지인들이 이들에게 좋은 상담자가 되기 위해서는 마음이 잘 통해야 한다.

그러기 위해서는 이들이 마음 편하게 자신의 속마음을 털어놓을 수 있어야 한다.

2) 상담의 기본은 듣기

상담은 속마음을 터놓고 대화를 하는 것이다. 대화를 하는 기본 목적은 그것을 통해 무엇인가를 서로 나누려는 것이다. 대화의 본질은 '듣기'와 '말하기'를 통한 의사소통이다. 상대방과 무엇인가를 나누려면 먼저 나의 의사를 정확히 전달하고(말하기), 동시에 상대방의 의사를 정확히 이해하여야 한다(듣기). 즉 대화를 잘하려면 듣기와 말하기를 잘해야 한다. 나의 생각을 상대방이 이해할 수 있도록 잘 전달하는 것, 다시 말하면 말을 잘하는 것이 다른 사람과 더불어 살아가야 하는 우리에게는 필수적인 능력이다. 아무리 훌륭한 생각과 좋은 비전을 가지고 있어도 다른 사람에게 설득력 있게 잘 전달하지 못하면 무용지물이 될 것이다. '말하기'를 가르쳐주는 학원이 성행하는 것은 다 이유가 있는 것이다.

대화를 잘하기 위해 필요한 또 하나의 능력은 상대방의 말을 잘듣는 것이다. 즉, 상대방의 의도가 무엇인지를 잘 이해하고, 그에 적절한 반응을 할 수 있어야 한다. 아무리 말을 잘한다고 해도 상대방의 생각이나 의도를 정확히 이해하지 못한다면 동문서답식의 대화가 이루어져 결국 의사소통이 원활히 이루어지지 않을 것이다.

3) 사리 대화(事理 對話)와 심정 대화(心情對話)

대화를 통해 무엇을 소통하려고 하는지 그 목적에 따라 대화는
크게 두 가지로 나누어 볼 수 있다. 일상생활에서 우리가 하는 대
화의 가장 큰 목적은 '지식'이나 '정보'를 얻고 주는 것이다. 매일매
일 효율적으로 살아가기 위해 우리는 수많은 정보와 지식을 필요
로 한다. 하지만 이 필요한 정보와 지식을 다 가지고 있는 사람은
없기 때문에 필요한 정보와 지식을 가지고 있는 사람과 대화를 통
해 얻으면서 살아가야 한다. 또 내가 알고 있는 지식이나 정보를
필요한 상대방에게 정확히 알려주어야 한다.

이렇듯 필요한 정보와 지식을 주고받기 위해 하는 대화를 사리
대화(事理 對話)라고 한다. 비유적으로 말해 지식과 정보는 머릿속
에 있다고 여겨지기 때문에 지식과 정보를 많이 가지고 있는 사람
을 속칭 "머리가 좋은" 사람이라고 부른다. 사리 대화에서는 주고
받는 지식이나 정보가 맞는 것인지 틀린 것인지가 매우 중요하다.
즉, 사리에 합당한 지식은 맞는 지식이고 사리에 적당하지 않은
정보는 틀린 것이다.

길을 잘 모르는 약속 장소에 가기 위해 택시를 탄 경우를 생각
해보자. 먼저 택시 기사에게 정확히 어디를 가는지 말해야 한다.
그리고는 약속 시간에 맞춰 갈 수 있는지 여부를 알기 위해 얼마나
걸리는지 묻는다. 그러면 당연히 택시 기사는 얼마 정도 걸리는지
알려줄 것이다. 이 예에서 보듯이, 사리 대화에서는 정확히 묻고
답하는 '말하기'가 기본이다.

대화를 통해 소통하는 또 하나의 중요한 요소는 '감정'을 나누는 것이다. 사람은 감정의 동물이기 때문에 자신의 감정을 잘 표현하고, 상대방의 감정을 잘 이해하는 것이 친밀한 인간관계를 맺는 지름길이다. 나의 감정을 잘 헤아려줄 때 우리는 상대방이 나를 잘 이해해 준다고 여기며, 상대방에게 고마움을 느끼고 믿음을 가지게 된다. 상대방도 또한 자신의 감정을 잘 받아줄 때 나에게 고마움을 느끼고 더욱 신뢰하게 된다. 이 과정이 되풀이되면, 더욱더 상대방을 신뢰하게 되고 더 깊은 '속마음'을 털어놓게 된다.

　반대로, 상대방이 나의 감정을 알아주지 못하거나 무시할 때 마음이 상하게 되고 더 이상 대화를 하려는 마음이 없어지게 된다. 이런 상황이 지속되거나 되풀이되면 결국 인간관계는 삭막해지고 친밀한 관계 맺기가 어려워진다. 이처럼 감정을 주고받기 위한 대화를 '심정 대화'(心情對話)라고 부른다. 감정은 '마음' 속에 있다고 여겨지기 때문에 심정 대화가 잘 이루어지는 관계를 '마음이 통하는' 관계라고 한다.

　일반적으로, 모든 대화에는 사리 대화의 요소와 심정 대화의 요소가 동시에 포함되어 있다. 위의 대화 예에서, "약속 장소까지 얼마나 걸리느냐?"는 질문에 대해 "약 삼십 분쯤 걸린다"는 대답을 했다면 이는 정보를 알려주는 사리 대화가 된다. 하지만 약속 장소까지 걸리는 시간을 묻는 대화에는 '약속 시간에 늦을까 봐 걱정하는' 마음이 깔려 있다. 만약 이 마음에 반응하여 "시간에 늦을까 봐 걱정하는군요"라고 대답했다면 이는 상대방의 감정에 반응하는 것이기 때문에 심정 대화가 된다.

심정 대화를 잘하기 위해서는 상대방의 말의 표면에 나타나 있는 내용보다 그 밑에 깔려 있는 감정에 반응해야 한다. 즉, 상대방의 마음의 소리를 잘 들어줘야 한다. 차마 겉으로는 표현하지 못한 속마음까지 상대방이 이해하고 반응해준다면 그 고마움은 말로 표현하기 어렵고 상대방이 너무 믿음직하게 느껴질 것이다. 심정 대화에는 '듣기'가 기본이다. 내 마음을 잘 이해해주고 감정을 소중히 여겨주는 사람과 친밀한 관계를 맺게 된다. 내가 필요한 정보를 정확히 알려주는 사람에게 고마움을 느끼는 것은 인지상정이다. 하지만 내가 이미 알고 있는 내용이거나 불필요한 정보를 자꾸 주려고 하면 짜증이 난다.

우리말에 "마음이 통하는 사이"라는 표현은 있어도 "머리가 통하는 사이"라는 용어는 없다. 다시 말하면, 친밀한 인간관계는 '마음'이 통하는 사이이지 '머리'가 통하는 사이가 아니다. 물론 필요한 지식과 정보를 주고받다 보면 친밀한 관계가 될 수도 있다. 이는 그 과정에서 서로 상대방의 배려와 관심을 느껴서 친해지는 것이지 단지 주고받는 지식이나 정보의 양에 의해 친한 관계가 되는 것은 아니다. "다투다가 정들었다"라는 표현에서도 알 수 있듯이 서로 다투는 것도 관심이 있다는 또 다른 표현이기 때문에 정들 수 있는 것이다.

모든 대인관계에서 서로 통(通)하지 않는다고 느끼게 되는 이유는 심정 대화를 하지 않기 때문이다. 가족들이 "서로 통하지 않아"라고 불평을 하는 것은 다른 말로 하면 "내 마음을 몰라준다"는 것이다. 친밀한 관계에서 상대방이 내 마음을 몰라주면 더욱 야속하게 느껴지고 마음속에 불만이 쌓이게 된다. 이 과정이 되풀이되면 결국 그 관계는 소원해지고 대화가 멈추게 된다. "당신하고(아버지하고) 이야기하기보다 차라리 벽 보고 이야기하는 것이 더 낫다"라는 말이 나오게 되면 그 관계는 이미 더 이상 친밀한 관계가 아니다. 더군다나 상대방의 화를 풀어줄 수 있는 상담의 관계는 더더욱 아니다.

V. 결론

우리의 삶에 이렇게 중요한 영향을 주는 종교와의 관계는 사람에 따라 다양한 양상을 띠게 된다. 종교가 살아가는 데 긍정적인 도움을 주기도 하고 반대로 부정적인 영향을 미치기도 한다. 종교가 우리 삶에 미치는 영향을 연구하는 종교 심리학자들에게도 큰 고민을 안겨주는 주제는 "과연 종교는 사람에게 도움을 주는가? 아니면 해를 끼치는가?" 그리고 "그 이유는 무엇인가?"이다.

종교의 역기능은 어느 종교를 믿는지와 상관없이 종교를 믿는 사람들의 성숙도에서 비롯된다. 동일 종교를 믿는다고 해도 신자들의 성숙도는 천차만별이다. 결론적으로 말하면, 성숙한 사람은 종교를 성숙하게 믿는다. 반면에 미성숙한 사람은 종교를 미성숙하게 믿는다. 그렇기에 종교 자체의 문제가 아니라 종교를 믿는 사람들에 달려있다.

성숙한 사람은 종교적 가르침에 비추어 자신이 얼마나 부족한 사람인가를 깨닫는다. 성숙한 기독교인은 예수님의 삶과 가르침에 비교해보았을 때 자신이 얼마나 부족하고 보잘것 없는 삶을 살아가고 있는가를 절실히 느낀다. 그렇기에 자신의 부족함에 대해 방어하거나 회피하지 않고, 오히려 솔직히 인정하고 더 나아질 수 있도록 도와달라고 기도하게 된다. 이런 사람들은 평소의 생활에서도 겸손하고 부드러운 모습을 나타낸다. 자신이 많이 부족한 것을 알기 때문에 겸손할 수 있다. 동시에 자신이 부족한 것을 알기 때문에 다른 사람의 부족한 모습을 이해하고 용서할 수 있다. 이런 성숙한 신앙을 가진 사람들은 자신의 종교적 잣대로 다른 사람을 평가하거나 비난하지 않는다. 모두 부족한 사람이라는 것을 절실히 깨닫고 있기 때문이다.

반대로, 미성숙한 사람은 자신의 부족한 점을 방어하고 회피하기 위해 종교를 이용한다. "자신의 눈에 있는 들보는 모르고 다른 사람의 눈에 있는 티를 비난한다"라는 말처럼 자신이 굉장히 신앙심이 깊다고 생각한다. 그리고 자신이 평가하기에 신앙심이 낮은 사람을 정죄(定罪)한다. 다른 사람을 정죄하면서 그렇지 않다고 생각하는 자신의 모습에 도덕적 종교적 우월성을 느낀다. 따라서 이들은 남을 비난하며 배타적이 된다. 그리고 자신이 배타적인 이유를 종교에서 찾는다. 이들은 '성전'(聖戰)을 치루고 있다고 믿기 때문에 적을 죽이기 위한 테러도 불사한다.

두 번째 특징은 종교적 교주 또는 신앙의 대상과의 관계이다. 성숙한 사람은 신앙의 대상에게 지나치게 의존하지 않는다. 항상 신앙의 대상과 같은 삶을 살고 같은 정도의 신앙적 성숙을 이루려고 노력하지만 그렇다고 지나치게 매몰되지는 않는다. 자신이 믿는 대상과 닮아가려고 끊임없이 노력하고 기도하지만 그렇다고 자신을 잃지는 않는다. 모든 종교적 활동은 신앙의 대상과 분리된 상태에서 주체로 이루어진다. 자신이 예수님과 닮아가고 궁극적으로는 일치하는 삶을 살려고 노력한다는 것이지 문자 그대로 자신은 죽고 예수님이 들어와 산다는 것을 의미하지는 않는다.

반대로 미성숙한 사람은 신앙의 대상과 '공서적'(共棲的) 관계를 맺는다. 한마디로 지나치게 밀착된 미분화된 관계를 맺는다. 의존적 관계라기보다 오히려 기생(寄生)하는 관계를 맺고 있다. 이들은 자신과 믿음의 대상과 구별하지 못하고 '한몸'이라고 착각하고 있다. 그렇기 때문에 이들은 너무나 자주 신앙의 대상을 입에 올린다. 말끝마다 '주님'을 달고 산다. 이들은 일견 신앙심이 깊은 것으로 간주되기도 한다. 하지만 이들은 무기력한 신앙적 어린이일 뿐이다. 자신의 미성숙한 마음과 행동을 정당화하기 위해 종교를 이용하는 것뿐이다. '그분의 뜻'에 따른 것뿐이기 때문에 자기 행동의 결과는 모두 용서가 된다.

부모와 자녀와의 관계를 통해 비유적으로 설명할 수 있다. 자녀가 어릴 때는 전적으로 부모와 미분화된 의존적인 삶을 살아간다. 한마디로 미성숙한 모습으로 살아간다. 하지만 성장해가면서 자녀들은 부모로부터 독립하기 시작한다. 이제는 자신의 삶을 자신의 주체적으로 살아가면서 부모의 가르침을 체화(體化)하고 부모님을 닮은 삶을 살아가려고 노력한다. 그런 삶이 바람직한 부모와 자녀와의 관계이다. 하지만 아무리 자녀가 독립적으로 살아간다고 해도 완전히 독립적으로 될 수는 없다. 자녀가 성장하여 성인이 된다고 해도 역시 부모와 자녀의 관계는 변하지 않는다. 그리고 희노애락(喜怒哀樂)을 부모와 함께한다. 설사 부모와 사별한다고 해도 자녀의 마음속에 부모님의 삶의 자세와 정신은 살아계시면서 정신적으로 생사고락(生死苦樂)을 함께한다.

건강한 종교와 병든 종교의 차이 또는 건강한 신앙과 병든 신앙의 차이는 결국 현실을 직시하고 어려움을 이겨나가면서 하루하루를 희망차고 힘차게 살아갈 수 있는 '힘'과 '의미'를 주는 종교인지 여부와 그렇게 믿는지 여부에 달려있다. 건강한 종교를 건강하게 믿는 사람은 그 '믿음'의 힘으로 자기실현을 달성하고 현실을 더 보람 있게 살아갈 수 있는 '힘'을 계속 공급받는다.

믿음은 바라는 것들의 확신이요, 보이지 않는 것들의 증거입니다(히브리서 11장 1절).

제 2 장
종교의 자유와 사이비·이단 단체에 대한 법률적 문제

김혜진*

I. 서론

종교의 자유는 모든 국민에게 인정되는 헌법적 권리이며, 종교 단체에도 종교의 자유의 주체성이 인정된다. 종교 단체가 사회적으로 종교 본연의 모습대로 선한 영향력을 끼친다면 문제가 되지 않겠으나, 안타깝게도 종교 단체가 연관된 비도덕적이고 반사회적 행위가 계속해서 발생하고 한다. 물론 이러한 행위들은 민·형사상 일반 법령과 절차에 따라 제재할 수 있으나, 사이비·이단 단체의 종교적 특성 때문에 현행 법령만으로는 처벌이나 제재가

---

* 법률사무소 우진 대표 변호사. 「현대종교」 법률고문 겸 편집자문위원. 「현대종교」의 사내 변호사로 재직하면서부터 지난 10년간 이단 사이비 관련 소송과 교회 소송을 전문적으로 수행하고 있으며 종교 관련 방송과 기사 자문을 다수 맡은 바 있다.

어려운 문제들이 자주 발견된다. 이 경우 피해는 계속 발생함에도 법적인 해결이 매우 어렵다. 또한 사이비 · 이단의 특성을 이해하고 이를 감안한 법령이 아직 우리나라에 존재하지 않기 때문에 사이비 · 이단 단체와 관련된 문제가 발생할 때마다 그 종교적 특성으로 인해 적용 가능한 법률을 찾지 못하고 우왕좌왕하다 제때, 제대로 대처하지 못하는 경우가 많다.

이 밖에도 사이비 · 이단 단체와 관련한 문제들은 대부분 신앙과 믿음이라는 종교 문제의 특성상 심리적 요소에 영향을 많이 받는다. 따라서 사이비 · 이단 단체와 관련하여 피해를 입은 경우, 대부분 정신적인 충격과 상처를 크게 남긴다. 그리고 그 피해는 개인의 상처로 남지 않고 사회적으로도 영향을 미쳐 또다시 다른 형태의 피해를 만들어내기도 한다. 종말론적 신앙을 신봉하는 단체에 속해있던 경우, 곧 종말이 온다는 계시를 받은 교주의 말에 무조건 따르며 헌신하는 과정에서 재산을 헌납하고, 학업과 직장을 포기하고, 가족이 해체되는 아픔을 겪기도 한다. 예언되었던 종말이 실현되지 않을 때에도 이를 인정하지 못하고 믿음의 실패로 인한 허탈감을 달래기 위해 기존 교리와 유사한 신흥종교 집단을 형성하는 사례가 반복되기도 한다. 이를 통해 유사한 교리에 의해 속는 피해자는 계속 발생하고 있다. 이단 사이비 단체로 인한 피해를 예방하고 피해자들을 구제할 수 있도록 이단 사이비 단체의 특성을 고려한 법령 제정을 비롯한 실질적인 법적 제재 방안의 마련이 필요하다.

II. 사이비·이단 단체 문제의 법적 대처 현실과 문제

사이비·이단 단체에도 헌법상 종교의 자유, 표현의 자유 및 평등권, 재산권 등이 인정되므로 이에 대한 제재는 일반적인 단체에 대한 제재와 같은 수준에 그칠 수밖에 없었다. 그러나 사이비·이단 단체로 인한 문제는 여타의 단체와 달리 그 사회적 영향력이 매우 크다. 또한 반사회적이고, 비윤리적인 상식도 교리와 신앙적 정당성에 의해 정당화되면 그 집단에 속한 구성원의 수가 많은지 여부를 불문하고, 사회적으로 큰 문제를 야기할 가능성을 가지고 있다. 특히 사이비·이단 단체의 교리, 전도 및 신앙 방식의 문제로 인해 사회적으로 물의를 일으키는 사례는 끊임없이 발생하고 있다.

안타깝게도 현실에서는 일부 사이비·이단 단체 문제에 대해 피해자가 고소 및 민사상 소송 제기를 하는 등으로 적극 대처하여도 처벌되지 않고, 손해배상도 이루어지지 않는 경우가 대부분이다. 또한 어렵게 손해를 인정받는다고 해도 말단 조직원에 대한 처벌이나 배상 청구에 그치고, 단체에 직접 민·형사상 책임을 지우지 못하는 경우가 많다.

손해배상 청구를 위해서는 입증 책임 분배 원칙에 따라 피해를 입은 자가 가해자의 고의 또는 과실, 위법성, 인과관계 등을 입증해야 하는데, 입증할 수 있는 증거가 매우 부족하고, 대개 신앙과 관련된 사건은 믿음에 기초한 자기의 의사결정으로 인한 결과로 보기 때문에 상대방에게 책임 지우기가 매우 힘들다. 어렵게 모은 입증 자료와 진술로 판결을 받아도 직접 행위를 한 자 및 중간 관리자만 처벌되고 실질적 위법 주체인 교주나 단체에게 최종적인 책임을 지우지 못하는 경우가 대부분이다. 더욱이 직접 행위자와 중간 관리자의 재산이 없는 경우 집행이 이뤄지지 못해 결과적으로 소송에 많은 정신적, 물질적 에너지를 소모하고도 아무런 피해구제를 받지 못할 수도 있다. 이러한 특성 때문에 사이비·이단 단체에 대하여 입증 방법과 정도를 완화하여 반사회적 방법으로 기망행위를 일삼는 단체의 리더나 교주에게 실질적인 책임을 귀속시킬 방안의 마련이 시급하다.

이에 사이비·이단 단체의 문제에 대하여 별도로 규율하는 통일적인 법령 마련의 필요성도 적지 않다. 다른 나라의 경우 프랑스가 유일하게 사이비·이단 단체 제한 법률을 제정하여 시행하고 있다. 이는 '종파규제법'으로 이름 지어졌는데, 1990년대 사이비·이단 단체와 관련하여 수십 명이 목숨을 잃는 사건이 발생한 후에 만들어졌다. 이 법은 이단 사이비 단체로 인해 자신의 자유의지를 억압당한 사람들의 심리적, 도덕적, 육체적, 경제적 손해를 예방하려는 목적이 있고, 종교를 이유로 개인의 삶을 지배하려는 단체나 사람으로부터 이들을 국가가 법으로 보호해야 한다는 필요에 의해 만들어졌다. 위 '종파규제법'의 내용으로 가장 눈에 띄는 부분은 종교적 세뇌방식을 통한 무지와 약함에 대한 사기성 학대 행위를 살인이나 성폭력, 사기, 학대에 준하는 정도의 처벌 대상으로 규정하고 있는 점이다. 이 법의 규정을 위반한 단체는 즉시 해체시킬 수 있고, 재설립이 금지되며, 위반행위자는 최고 5년의 징역형과 10만 프랑까지 벌금을 내도록 규정한다. 프랑스는 위 법률의 실효적인 운영을 위해 대통령령에 의해 2002. 11. 'MIVILUDES'라는 협의체를 국무총리실 산하에 개설하고, 사이비·이단 단체의 인권, 기본적 자유를 침해하는 행위와 일탈 행위 현상을 관찰 및 분석하도록 하는 한편, 사이비·이단 단체에 대한 정보를 수집함으로써 미리 대중에게 해당 단체의 위험성을 알려 경각심을 갖게 하는 등으로 국가 차원의 예방조치를 하려고 노력하고 있다.[1] 물론 이 법의 시행 당시 프랑스 교계에서 종교의 자유를 심각히 침해할 우려가 있다는 지적이 있었다. 그러나 입법부의 의사결정 과정에서는 사이비·이단 단체로 인한 사회적 폐해가 심각하다는 의견이 보다 우세하였다.

우리나라의 경우, 사이비·이단 단체들의 반사회적 행위에 대해 통일된 법령을 통해 제한할 수 있을지에 대하여 아직까지 논의가 많지 않은 상황이다. 사이비·이단 단체에 대한 처벌이 잘 이루어지지 않고, 피해자의 피해 구제가 어려운 현실을 반영하여 같은 피해가 반복되지 않도록 국가가 법률을 제정하여 최소한의 보호를 해야 하는 것은 아닐까 생각해 본다. 단체의 교리 및 지시에 따른 개별행위에 대하여 단체에 대한 연관성을 쉽게 인정하고, 단체 재산에도 집행이 가능하도록 한다면 사이비·이단 단체의 반사회적 행위를 제재하는 효과가 있을 것으로 생각된다.

이하에서 종교의 자유의 사이비·이단의 개념을 살펴보고, 사

---

1 *MIVILUDES*, https://www.derives-sectes.gouv.fr/

이비·이단 단체로 인해 발생하는 법적 문제의 특이점을 검토한 후, 이에 대한 현행 법률 적용 사례와 사이비·이단 단체에 대한 통일적 법령(예를 들어 '사이비·이단 단체 제한법') 제정의 가능성과 제정 시 유의점에 대해 알아보고자 한다.

III. 종교의 자유와 사이비·이단 단체의 개념

1. 종교의 자유의 개념과 내용

종교의 자유는 크게 신앙의 자유와 종교적 행위의 자유로 나뉜다. 신앙의 자유란 겉으로 표현되지 않는 내심의 영역으로 어느 종교를 믿을 자유 또는 종교를 믿지 않을 자유와 신앙을 변경할 자유를 포함한다. 한편 종교적 행위의 자유는 보다 적극적으로 이러한 신앙이 외부로 표현되는 것인데, 신앙고백의 자유, 종교적 행사의 자유, 종교교육의 자유, 선교의 자유, 종교적 집회 결사의 자유 등으로 나뉜다. 신앙의 자유는 내심의 자유이므로 제한이 가능하지 않은 절대적 자유이나, 종교적 행위의 자유는 적극적이거나 소극적으로 외부로 드러나는 행위이기 때문에 헌법이나 법률에 의해 제한이 가능한 상대적인 자유이다.[2]

헌법은 제20조 제1항에서 "모든 국민은 종교의 자유를 가진다"

---

2 김철수, 『헌법학개론』(서울: 박영사, 2007), 677.

고 하여 종교의 자유를 보장하고 있다. 모든 국민에게 인정되는 권리이므로 당연히 이단 사이비 · 이단 단체 및 그 교인들에게도 인정되는 권리이기도 하다. 헌법 제37조 제2항에서는 '국민의 모든 자유와 권리는 국가안전보장 질서유지 또는 공공복리를 위하여 필요한 경우에 한하여 법률로써 제한할 수 있도록 규정하면서 다만 '제한하는 경우에도 자유와 권리의 본질적인 내용을 침해할 수 없다'는 제한 규정을 두고 있다. 따라서 종교의 자유도 본질적인 내용을 침해하지 않는 선에서 외부적으로 표현되는 자유에 대하여는 이를 제한하는 법률 제정이 가능하다.

종교의 자유의 본질적인 내용이 무엇인지에 대하여 여러 의견이 있을 수 있겠으나, 내심의 영역인 신앙의 자유는 절대적으로 보장되어야 한다는 데에는 이견이 없을 듯하다. 즉, 자신이 믿고자 하는 신앙의 대상을 선택할 자유와 신앙을 갖지 않을 자유, 신앙을 변경할 자유는 절대적으로 보장되어야 한다.

그러나 이러한 신앙의 자유에 기하여 결정되는 행동은 다른 사람의 신앙의 자유 또는 다른 기본권 및 사회적 질서에 영향을 끼치는 경우가 있고, 종종 기본권 간 충돌하기도 한다. 기본권 충돌의 해결 방법으로 학설은 상위 기본권 우선의 원칙, 인격적 가치 우선의 원칙, 자유권 우선의 원칙 등 보다 중요한 이익을 보장하는 이익형량에 의한 방법론과 어느 기본권을 우선시키지 않고, 상충하는 기본권 모두를 조화롭게 보호할 수 있는 방법을 찾는 규범 조화적 해석에 의한 방법론이 있다. 어느 방법에 의하더라도 그러한 기본권 충돌 조정은 헌법과 법률에 의해서만 제한이 가능하다.

헌법과 법률은 사회적으로 충분히 논의가 된 사안들에 대하여 국회에서 충분한 논의 끝에 비교적 까다로운 절차를 거쳐 만들어지는 규범이며, 그 규율 대상에 평등성이 인정된다. 때문에 이에 따른 제재는 법적 정당성을 가지고 행정부에서도 이에 기초한 절차를 마련하고 집행하며, 사법부는 이에 근거를 삼아 재판을 하고 판단을 내리게 된다.

그런데 헌법과 법률은 여러 경우를 포괄하여 규정할 수밖에 없는 특성 때문에 구체적인 경우를 모두 상정하여 규정하거나, 관련되어 파생하는 문제들을 모두 규율하는 데에 한계를 가진다. 따라서 해당 법률을 구체적인 사례에 적용하는 과정에서 어떻게 해석할 것인지를 두고 행정부의 명령이나 규칙 제정 과정이나 재판에서 판단이 달라질 수 있는 판단 여지가 발생한다. 법조문상 법 문언 규정이 포괄적이고 추상적일수록 판단 여지가 커지고, 판단 여지의 범위가 클수록 사법부, 행정부 등 판단 주체의 개인적이고 자의적인 법률 적용의 가능성이 커지게 된다.

2. 이단과 사이비 단체의 개념

이단 및 사이비 종교성을 결정하는 공식적인 기관은 없고, 각 정통 교단에서 산하에 이단 사이비 연구 기관을 두어 교단 차원에서 결정하고 있다. 따라서 같은 단체를 두고 교단에 따라 이단 인정 여부가 다른 경우가 있고, 이단 규정의 내용에 대하여도 용어가 통일되지 않아 다양한 용어로 이단이 규정되고 있다. 이처럼 이단 사이비에 대한 통일된 개념은 없어도 이단 사이비 규정의 내용은 대체로 동일한 의미로 보인다. 개신교계 중 예장통합 교단의 경우 제82차 총회에서 이단 사이비성 개념에 대하여 '기독교의 기본교리 하나에 문제가 있다 하더라도 그것이 다른 교리에 영향을 끼쳐 기본교리를 훼손하게 된다면 이단이라고 규정하고, 이단이라고 할 수는 없지만 이단과 다름없이 그 폐해가 매우 큰 경우에 사이비라고 하고, 사이비보다 덜하지만 교류나 참여 금지 등 규제가 필요한 경우에 사이비성이라는 용어를 적용하는 것이 좋을 것으로 사료된다'는 내용의 보고서가 제출된 바 있다.[3]

이같이 개념이 통일되어 있지 않다 하더라도 사이비·이단 단체와 정통 교단의 구별은 어렵지 않다. 그러나 숭실대학교 김영한 교수는 이 둘 간에는 다음과 같은 분명한 차이를 보여 쉽게 구별이 가능하다고 주장하고 있다. 즉, 사이비·이단 단체는 자기 종파의 교리를 새 진리로 내세움, 성경의 진리를 거부하고 새 계시를 내세움, 인간을 메시아로 선정, 그리스도의 신성과 인성을 부인, 삼위일체 교리를 부인, 혼합주의 성경, 교주의 카리스마적 지도력에 맹목적 복종을 요구, 거짓 예언을 선포하는 등의 표징을 지닌다고 한다.[4]

3 허호익, 『한국의 이단 기독교』(서울: 동연, 2020), 25.
4 김영한, "사이비 이단과 정통의 표준"「한국기독교 연구논총」 8 (1995), 23-24.

IV. 일반 종교와 다른 사이비 · 이단 단체의 법률적
   특이성

1. 사이비 · 이단 단체의 포교 방법 및 교리 전파 과정의 법적 문제

1) 위장 포교의 문제점

사이비 · 이단 단체에도 종교의 자유가 인정되고, 당연히 포교의 자유(전도의 자유)가 인정된다. 그러나 일부 단체의 경우 그 이단성이 널리 알려져 있기 때문에 포교에 어려움이 생기자 단체의 실명을 밝히지 않은 채 다른 외양을 가지고 접근하여 전도하는 방식을 '모략'이란 이름으로 정당화하고 있다. 이러한 경우 그 종교 단체에 가입하고자 하는 의사가 전혀 없는 사람을 속여 모임에 참여하게 하고, 여러 심리적 요인에 의해 단체에 귀속되도록 유인하므로 전도의 방법 자체가 윤리적이지 않다고 보인다. 처음 모임에 데리고 오는 방법에 '속임'이 있으면 속인 사람을 단체에 가입 및 귀속시키기까지 더 많은 속임이 필요하게 될 것이기 때문이다. 그 단체에 소속되려는 의사가 없는 자에게 다른 단체의 모습으로 가장하여 접근하고 포교 활동하는 경우, 그 종교를 신봉할 것인지에 대하여 처음부터 알면서 결정할 수 없었기에 속은 사람의 종교적 자유, 즉 신앙의 자유가 침해될 가능성이 크다.

최근 이 같은 포교 방법으로 인해 피해를 호소하는 사람들이 늘어나는 상황이므로 해당 단체의 전도임을 알 수 없도록 속이는 방법이 포함된 전도 형태(이하 '위장 포교'라 한다)를 법률로써 제한을 둘 수 있는지가 문제된다.

2) 위장 포교의 유형

사이비·이단 단체의 위장 포교의 유형으로는 크게 i) 이단성이 문제되지 않는 정통 교단에 소속된 종교 단체인 것처럼 속이고 포교하는 경우와 ii) 사이비·이단 단체의 명칭을 숨기고 종교 단체가 아닌 동호회, 동아리, 신학원, 학원, 봉사단체, 취미활동을 위한 소모임과 같이 성격이 전혀 다른 단체임을 가장하여 회원을 모집하는 방식으로 포교하는 경우로 나뉜다.

사이비·이단 단체가 정통 교단 및 다른 성격의 모임으로 위장하여 접근하고, 가입 및 활동을 하면서 친밀한 관계를 형성하고 난 이후에서야 그 정체를 드러내는 경우, 기망을 당한 사람은 이미 해당 모임에 결속감과 유대감을 가지고 활동하고 있는 상태기에 쉽게 모임에서 벗어날 수 없다. 또한 정체를 밝힌 후에는 모임 내부의 종교적 분위기에 휩쓸리게 되어 해당 단체의 문제점과 반사회성을 검토할 판단 능력을 잃게 되고, 잘못된 방식의 종교 행위에 대하여 심리적으로도 저항하지 못한다. 이 때문에 사이비·이단 단체임을 알게 되어도 단체에 계속 남아 종전과 같은 활동을 계속하게 되고, 단체의 이단성 또는 비윤리적이거나 반사회적 행동을 정당화하며, 나아가 다른 사람을 같은 방법으로 기망하여 단체에 가입 및 활동하도록 돕는 역할까지 수행하게 된다.

이 단체나 모임에 기망당한 채 참여하는 사람들은 단체의 실명과 단체의 성격을 알지 못한 상태에서 활동하면서 위에서 언급한 심리적인 요인에 의해 단체 가입이 강제되는 결과가 발생하게 된다. 이들은 사이비·이단 단체임을 알지 못했기 때문에 처음부터 이를 신앙의 대상으로 삼을 것인지 믿을 것인지를 결정할 자유를 빼앗겨 종교의 자유의 본질적인 부분인 신앙의 자유를 침해받게 되는 것이다. 그리고 이처럼 본질적 자유가 침해된 상태에서는 다른 기본권도 보다 쉽게, 연쇄적으로 침해된다.

3) '단체실명제' 법제화 가부

(1) 실명을 밝히고 전도하도록 하는 것이 종교 단체의 종교의 자유를 침해하는 것인지 여부

종교 단체의 설립과 마찬가지로 포교 목적으로 종교 모임을 만드는 것은 종교의 자유 및 집회결사의 자유로서 당연히 인정된다. 단체는 다수가 같은 목적으로 설립하는 것으로 그 이름을 반드시 표시하고 활동해야 하는 의무가 있는 것도 아니다. 그러나 사이비·이단 단체가 '모략'이란 이름으로 단체의 본 명칭을 속이는 방법으로 가입자를 속이는 경우 다른 사람의 인권을 침해하게 된다. 이 같은 문제를 해결하기 위해 종교 단체가 포교를 위한 단체를 만들거나 모임을 만들 때, 모임의 결성 목적이 포교라면 단체의 실명을 처음부터 밝히도록 강제하도록 할 수 있는지가 문제된다. 정통 교단에서는 통상 전도 목적의 모임이나 봉사 활동을 하면서

교회의 이름을 나타내는 편을 선호하고, 다른 단체를 가장해야 할 이유가 전혀 없기 때문에 사이비·이단 단체와 명백히 구별될 수 있을 것이다.

물론 사이비·이단 단체의 포교 활동이 이루어지는 동아리, 동호회, 학원, 봉사단체의 경우 처음부터 포교 목적이 아닌 본래의 의미로 창설되었을 가능성도 배제하긴 어렵다. 조직에 소속된 사람들이 자기 신앙심에 의해 각자 포교 활동을 하는 것은 종교의 자유로서 인정되어야 할 것이다. 이상과 같은 이유로 단체 실명제가 법제화될 경우 본래 의미로 창설된 모임과 사이비·이단 단체를 구별하기 위해 단체나 모임을 만들고 운영하는 주체가 누구인지가 중요해진다.

(2) 단체실명제 위반으로 인한 피해를 무엇으로 볼 것인지에 대한 논란

막상 단체실명제 위반의 사례가 발생하여도 실제 피해자들이 입는 피해는 가시화되지 않는 경우가 많다. 그러나 단체의 실명을 밝히지 않아 다른 모임으로 알고 속아서 가입하고 이후에야 알게 된 경우 이러한 기망행위로 인한 피해는 정신적인 손해, 단체에 헌신하는 과정에서 제공하는 시간과 노동력, 헌금 등 물질적 손해 등 다양하다.

한편 처음에는 모르고 모임에 가입했다고 하더라도 나중에는 사이비·이단 단체임을 알게 되고, 단체명을 몰랐다고 하더라도 그 종교를 신앙의 대상으로 삼기로 하는 자기 의사결정으로 인해 그 교인이 되었으므로 단체실명제 위반으로 어떠한 피해가 발생

했다고 볼 수 있는 것인가 의문이 들기도 한다. 그리고 이러한 주장은 사이비·이단 단체의 대표적인 변명거리가 된다.

그러나 피해자의 그러한 의사결정이 사이비·이단 단체가 의사형성 과정에 계속 개입한 결과라고 본다면 판단이 달라질 수 있다. 피해자가 처음에 사이비·이단 단체가 포교 목적으로 운영하는 모임임을 알지 못하도록 속아서 참여하게 되고, 단체의 구성원들과 유대감과 친밀감을 쌓으면서 그 단체에 대한 객관적인 정보가 차단된 상태에서 단체에 대한 잘못된 정보를 바탕으로 신앙을 형성한다. 이미 해당 단체에 소속감과 만족감을 느낀 이후에는 단체의 실제 명칭을 알게 되고 단체의 문제를 알게 되어도 그 단체로부터의 유익함, 친밀감 등을 잃고 싶지 않다는 마음에서 단체의 고도로 계산된 합리화에 설득되고자 하는 경향을 보인다. 이처럼 그 믿음이 사이비·이단 단체의 기망행위에 의해 속아 형성되었기에 신앙이 형성되는 전 과정이 자유롭지 않다.

피해자가 통제되지 않은 객관적 정보를 제공받을 수 없는 상태에서 결정하였다면 스스로 의사결정을 했다고 볼 수 없다. 단체에 가입할 때부터 단체의 실명을 제대로 고지받지 못하고, 해당 단체에 대한 객관적인 정보를 습득할 기회가 없어 신앙의 자유가 침해된 상태에서 의사결정을 하게 된 것을 위장 포교로 인한 피해로 볼 수 있을 것이다.

따라서 피해자가 처음에는 해당 종교 단체에 대한 설명을 들을 기회가 없었다가 이후에 단체의 문제점을 깨닫고 정신적, 신체적, 물질적 피해를 입고 탈퇴를 하였다면 위와 같은 변명에 구애됨 없이 속인 행위에 대하여 문제 삼을 수 있어야 한다.

(3) 단체실명제 위반의 요건

만약 단체 실명제를 법령으로 제정하게 된다면 종교의 자유를 최대한으로 보장하기 위하여 법조문에 그 요건이 명확히 규정되어야 한다. 단체 실명제 위반을 판단하기 위해서 다음의 요건이 판단 기준이 될 수 있을 것으로 생각된다.

① 처음부터 모임이 이단 사이비 단체의 포교 목적으로 만들어지거나 주로 포교 목적으로 운영될 것(모임이 형성하게 된 주된 주체가 단체나 그 소속 교인인 경우, 모임이나 단체에 지속적인 또는 일정 규모 이상의 재정적인 지원이 있는지 여부, 사이비·이단 단체에 모임과 관련한 활동 보고가 있는지 여부, 구성원 중 과반수가 단체의 소속 교인이고 운영자 또는 지도자의 대다수가 사이비·이단 단체의 소속된 경우와 같은 지표로 확인이 가능할 것이다), ② 운영 과정에서 결성 및 운영에 관여하는 그 사이비·이단 단체로 유입되는 신도가 계속 발생할 것 ③ 교리 교육, 예배, 포교 활동 등 종교 단체로서 활동에 비해 모임의 고유 목적 활동이 형식에 그치는 정도이거나 상대적으로 매우 적을 경우, 이상의 요건에 모두 부합하는 경우 단체실명제 위반으로 볼 수 있을 것이다.

(4) 단체 실명제 위반의 경우 제재 방법

단체의 실명제 위반 시에 제재 방법은 위반 행위의 정도에 따라 ① 행정법상 경고 및 주의를 주는 단계, ② 위반 행위를 한 단체 및 관련된 사이비·이단 단체명을 공공기관 게시판에 공고하는 단계 ③ 과태료 ④ 사단법인 지정 해제 방안을 생각해 볼 수 있다.

그와 별개로 민사상 단체의 실명을 밝히지 않아 다른 모임인 줄 알고서 가입 및 소속되었다가 탈퇴한 신도가 실명을 밝히지 않은 단체에 대해 민사상 제기한 손해배상 청구 소송에서 속여서 가입시킨 행위에 대하여 불법행위를 인정하고, 직접 속인 행위를 한 자 외에도 이를 교육하고 시킨 단체에 손해배상을 구할 수 있도록 규정을 두는 것이 필요하다. 이를 통해 단체의 재산에까지 압류 등 집행이 가능하도록 법제화할 것을 생각해 볼 수 있다. 특히 대부분 사이비·이단 단체 내부 지침에 의해 하위 조직에 소속된 교인들이 직접적인 기망행위를 하는 경우가 많은데, 그 행위의 원인이 상위 조직의 지침이나 교리에 의한 것이라면, 하위 조직의 위반 행위라도 단체의 교주 및 중간 관리자에 대해서까지 형사 처벌 및 행정법상으로 제재할 수 있는 세부 규정이 필요하다. 이러한 법률을 통해 사이비·이단 단체가 기망행위를 통해 단체에 가입시키는 폐해를 근절할 수 있을 것으로 보인다. 사이비·이단 단체가 믿고 있는 신앙이 진리라고 생각한다면 그 단체에까지 대한 사실적인 정보를 공개하도록 강제하는 것은 단체의 종교의 자유를 침해한다고 볼 수 없지 않을까 한다.

물론 처벌의 정도는 행위의 정도에 따라 비례성이 갖춰져야 하고 위반 단계별로 구체적으로 규정되어야 하고 적정성을 띄어야 하며 종교의 자유의 본질을 침해하는 결과가 되어서는 안 된다. 이는 사이비·이단 단체라 하여도 종교 단체 해산을 쉽게 인정하여서는 안 되는 이유기도 하다.

2. 자유로운 의사결정의 방해와 의사의 조종 문제

행위자의 자유로운 의사결정의 부존재

사이비·이단 단체의 많은 경우에 교주를 정점으로 한 내부조직을 두고 있는데, 그 조직 구조는 특징적으로 ① 너무 권위주의적이어서 신앙의 대상에 대한 절대적 복종과 단체 및 교주에 대한 헌신과 순종을 당연시하고, 중요한 조직 관리자가 아닌 경우에는 단체 내부 조직에 대해 알 수 없도록 불투명한 구조로 조직화 되어 있다. ② 단체 구성원들 사이의 상호통제로 이탈자를 막는 방법으로 단체의 영향력을 유지하려는 경향을 보인다. ③ 인간의 불안심리 및 단체 소속 욕구, 단체로부터 떨어져 나왔을 때의 상실감과 우울감 등을 교묘히 이용하여 개인의 신체 및 재산상의 중요한 의사결정 시 반드시 이를 단체와 상의하고 단체의 지시에 따르게 하며 지시와 다르게 행동했을 때 재앙을 겪을 수도 있다는 불안감을 조성한다.

행위자는 이와 같은 사이비·이단 단체 및 그 구성원들로부터 여러 간섭과 조종을 받으며 의사를 결정하게 되고, 그 같은 의사결정이 도덕적, 윤리적으로 옳은 생각인지 자체적으로 판단하지 못한다. 또한 그 의사결정으로 인한 결과와 행위 결과 자신과 가족 그리고 사회에 미치는 영향에 대해 이성적으로 생각할 여유를 완전히 상실하게 된다. 이러한 경우에도 자기 의사에 기한 결정이 므로 의사결정 주체에게만 책임이 있다고 할 것인지, 과연 그 의사결정에 결정적인 영향을 준 사이비·이단 단체와 아무런 상관이 없다고 할 수 있는 것인가 하는 의문이 생긴다. 만약 상관이 있다고 본다면 이러한 경우에 단체 및 의사조종자에게 어떻게 책임을 지울 수 있는지가 문제가 될 것이다.

특히 사이비·이단 단체는 대표자와 실제 교주가 다른 경우, 내부조직이 불투명하기에 어떤 단계를 거쳐 의사조종이 이루어졌는지를 알 수 없는 경우가 많다. 무엇보다 단체에서 피해자의 행위를 조종했다거나 의사를 결정했다는 증거가 없거나 제기하기가 어렵다. 이처럼 사이비·이단 단체 내의 교주 및 중간 관리자의 지시, 명령, 강요의 경우 종교적인 이유로 심리적으로 억압되어 자유로운 의사결정을 할 수 없었다고 보고 민법상으로는 미성년자 및 후견인제도5에 준하여 보다 쉽게 법률행위의 취소가 가능하도록 해야 할 필요성이 있다. 또한 적극 손해에 대한 직접 증거가 없어 심리적 손해(위자료)만이 인정되는 경우 손해배상 시 피해 인정 범위나 손해액을 좀 더 넓게 인정해야 할 것이다.

---

5 후견인제도에는 성년후견, 한정후견, 특정후견이 있다. 성년후견이란 질병, 장애, 노령 등 정신적 제약으로 사무처리 능력이 지속 결여된 경우 후견인을 선정하는 제도이고, 한정후견은 일상생활은 가능하나 정신적 제약으로 사무처리 능력이 부족한 경우 후견인을 선정하여 법률행위를 취소할 수 있게 하는 제도를 말한다(민법 제9조~제17조 규정).

3. 재산상 손해 발생: 재산 헌납 강요, 재능의 강제적 기부, 노동력 착취

1) 문제점

사이비·이단 단체의 대표적인 문제 상황은 단체에 재산을 헌납하거나 임금을 받지 않고 장시간 단체를 위해 노동을 한 경우이다. 이때 추후 잘못된 교리에 속았음을 알고 탈퇴한 후에 이에 대한 반환을 요구하거나 임금을 요청할 수 있을까? 먼저 노동력 제공에 대하여는 현행법상으로는 근로계약을 체결하고 근로를 제공한 것이 아닌 이상 과거 단체를 위한 노동을 경제적 가치로 환산하여 부당 이득 반환 청구를 하는 것은 쉽지 않다. 다음으로 사이비·이단 단체에 낸 헌금 또는 앞으로 낼 것을 작정하여 헌금하기로 한 경우, 그와 같은 의사 표시를 취소하여 헌금을 반환받을 수 있는지가 문제된다. 또한 사이비·이단 단체의 시한부종말론 등에 따라 거액의 헌금을 한 경우 헌금을 하도록 유도한 교주 등을 사기죄로 처벌할 수 있는지가 문제된다.

2) 사이비·이단 단체에 헌금한 돈의 반환청구 거부

단체에 자기 의사에 기해 헌금한 경우 헌금의 법적 성격은 증여로 본다. 증여는 일방이 무상으로 재산을 상대방에게 준다는 의사를 표시하고 상대방이 이를 승낙함으로 성립하는 계약이다(민법

제554조). 따라서 증여 의사가 서면으로 작성되어 있지 않은 경우 각 당사자는 이를 해제할 수 있는데 이미 일부를 지급한 경우에는 반환을 청구할 수 없다(민법 제558조). 즉 이미 지급한 헌금은 반환을 요청할 수 없는 것이 원칙이다. 다만, 장래에 일정액의 헌금을 하기로 약정한 경우 증여의 의사 표시를 취소하는 방법으로 더 이상 헌금을 내지 않아도 된다.

그러나 통상의 헌금액을 넘어 단체의 설교나 교리에 따라 상당한 액수의 재산을 헌납하고 공동체와 함께 나누어 사용한 경우 이로 인해 신도 개인의 상황이 경제적 빈곤에 처하게 되는 경우가 많기에 일정한 요건 아래 헌금의 반환청구가 가능하도록 해야 할 필요성이 크다. 물론 아래에서 살펴보는 바와 같이 형사상 사기죄, 공갈죄가 인정되는 경우 그 불법행위를 이유로 한 민사상 손해배상의 청구는 가능하다. 그러나 사기죄 등이 인정되지 않는 경우에도 사이비·이단 단체에 일정한 요건을 두어 반환을 청구할 수 있도록 하는 것이 타당하다.

3) 형사상 사기죄 등으로 처벌

피해자에게 재산을 헌납하거나 노동력을 제공하지 않으면 본인이나 집안에 위해가 가해지거나 안 좋은 일이 발생할 것 같은 공포심을 유발하여 헌금을 내도록 하고 봉사를 가장한 노동력을 착취하는 사례도 있다. 이 경우 형법상 사기죄(형법 제347조)나 공갈죄(형법 제350조), 강요죄(형법 제324조)의 구성요건에 해당하고,

이를 입증할 수 있다면 형법 기타 법령에 따라 처벌을 할 수 있을 것이다. 그러나 실제 사이비·이단 단체의 기망에 의한 재산 헌납의 경우에도 그 기망행위나 공갈행위가 존재하였음을 입증할 증거가 부족한 경우가 많고, 재산 헌납 및 봉사행위를 신앙에 의한 자유로운 의사에 기한 것으로 보아 형법상 사기죄의 기망행위나 공갈의 공갈 등을 인정하기 쉽지 않다.

4) 형사 처벌과 관계없이 재산 반환 청구 가능하도록 하는 법률제정의 필요성과 그 요건

종교 단체 내부의 교리와 단체 내부 강령에 따라 재산을 헌납할 수밖에 없던 분위기가 조성되어서 어쩔 수 없이 재산을 헌납하게 된 경우 사기죄나 공갈죄 등의 형사상 처벌이나 고소를 거치지 않고도 민사상으로도 일정 요건을 충족하면 재산 반환을 청구할 수 있도록 하는 법령 제정이 필요하다.

예를 들어 그 요건으로 ① 헌금이나 노동력 제공의 원인이 단체의 반복된 설교와 교육자료 등으로 확인할 수 있는 단체의 교리에 근거한 것일 것 ② 헌금이나 노동력 제공을 하지 않으면 단체에서의 활동이나 지위에 관계 단절 등의 사실상의 불이익을 포함하는 불이익이 존재했을 것 ③ 재산 헌납의 경우 그 액수가 헌금한 피해자의 당시 사정상 과다하다고 인정될 만한 액수일 것 또는 노동력 착취의 경우 단체를 위한 활동을 함에 따라 기존에 종사하던 안정적인 직장생활을 그만두거나(해고나 사직의 사유가 없었던 경우)

하루의 8시간 이상 주 5회 이상 지속 단체를 위한 활동을 함으로써 수입을 얻을 수 있는 다른 직업 활동을 할 시간적 여유를 전혀 가질 수 없는 환경이었을 것을 들 수 있을 것이다.

위의 요건이 모두 충족된 경우로서 재산 헌납의 경우에는 그 같은 설교로 인해 헌납한 금원을, 노동력 착취의 경우에는 손해배상소송에서 일실이익 기준에 따라 배상하도록 하되, 적어도 일반노임을 기준으로 한 일실수입에 준해서 배상을 청구할 수 있도록 하는 규정이 필요하다.

4. 정신적 손해에 대한 배상 청구

1) 문제점

사이비 · 이단 단체의 신학적인 문제 외에도 과도한 헌신으로 인한 문제는 다양한 부분에서 발생한다. 사이비 · 이단 단체에 속아 피해를 입었다고 해도 실제 법률에 의해 구제를 받거나 처벌이 가능한 경우는 몇 가지 경우에 불과하다. 기망행위는 통상 '사기'와 관련하여 사용되는 용어이다. 형법상으로는 기망으로 인해 행위자가 재산 및 재산상의 이익을 얻었을 때에야 처벌이 가능하고, 만약 속인 행위로 인해 행위자가 어떠한 재산 및 재산상 이익을 얻지 않았다면 행위자를 사기죄로 처벌할 수 없다. 민사상으로는 기망당했음(속였음)을 이유로 계약 등 법률행위를 취소할 수 있다. 대부분의 종교 문제에 있어서 그와 같은 행위가 믿음의 문제와 결

부된 경우, 처벌하기 힘들다.

2) 깨어진 가족 관계에 대한 손해배상 청구 거부

사이비·이단 단체로 인해 발생하는 문제 가운데 두드러지는
부분은 가정의 해체이다. 사이비·이단 단체에 소속되어 활동하면
서 가족이 알지 못하게 활동을 하는 경우가 많고, 심지어 배우자
가 자신이 신봉하는 단체의 신앙에 따르지 않는 경우 폭력행위 등
을 유발하여 이혼을 요구하고,[6] 이혼을 통해 재산 분할 및 위자료
를 받아 이를 다시 단체에 헌금하는 사례가 종종 발생한다. 또는
사이비·이단 단체의 활동을 하면서 가정생활에 소홀해지고 자녀
양육 및 배우자로서 최소한의 의무도 하지 않는 경우도 적지 않다.

물론, 이혼과 위자료, 재산 분할 등은 이혼 시 혼인 관계 당사자
에게 민법 등에 의해 당연히 인정되는 권리이기는 하나, 이후 재
산 분할 등으로 분할된 재산이 단체에 헌금되어 단체의 세를 늘리
는 데 사용되는 것으로 보인다.

문제는 가족 관계의 갈등이 사이비·이단 단체의 교리나 활동
으로 인해 촉발된다는 점이다. 또한 이혼 사유를 만들기 위해 배
우자의 폭력행위를 유발하는 사례들도 종종 관찰된다.

사이비·이단 단체로 인한 가정 해체의 유사사례가 많이 발생
하는 만큼, 단순히 주의를 기울이는 것 외에 실질적인 손해배상이

---

6 "'이혼' 부추기는 이단 신천지… 신천지 광주 신도 이혼소송 잇따라," 「노컷뉴스」
　(2020. 3. 16.), https://news.v.daum.net/v/20200316050310961

가능한지가 문제되어 왔다. 즉, 가정 해체의 원인이 된 단체에 손해배상 청구가 가능한지가 문제가 된다. 생각건대 ① 이전에는 가정생활에 특별한 문제가 없었는데 사이비·이단 단체의 교리나 활동으로 인해 계속 갈등이 촉발되고 ② 갈등으로 인해 단체의 교인인 일방이 가출하거나 쉼터나 단체에서 마련된 장소로 주거를 옮기거나 ③ 단체 및 단체의 교인들이 주거 및 식비를 공급하며 별거생활 및 이혼 소송을 지원하며 ④ 이혼 성립 후 단체에 재산 분할 및 위자료 중 상당한 금원이 귀속된 경우에는 단체에 가정 해체에 대한 책임을 지울 수 있어야 할 것이다. 이 경우 단체에 위자료 청구 등이 가능하도록 해야 한다.

3) 성적 자기결정권 침해

성적 자기결정권이라 함은 사회적 관행이나 타인의 지배나 강요를 받지 않는 상태에서 자신의 의지나 판단에 따라 자유롭게 자신의 성적 행동을 결정하고 선택할 권리를 말한다. 따라서 모든 사람은 자신이 원하지 않는 성적인 행위를 거부할 권리를 가지므로 상대가 원하지 않는 성적 행위는 강요되어서는 안 되는 것이 원칙이다. 사이비·이단 단체 내의 성 문제는 크게 다음과 같이 나눌 수 있다. ① 자의에 의한 성관계가 아니고 여러 가지 사정에 의해 의사가 억압되어 거부의 의사표시를 하지 못한 경우로 이때 피해자의 성적 자기결정권은 침해당하게 된다. ② 교리에 따라 또는 교주나 대표자에 대한 잘못된 믿음으로 인해 종교 행위로서 단체 내의 교인들과 성행위 등에 이르거나 추행 행위를 감내하는 경우이다. 사이비·이단 단체에 의해 형성된 잘못된 믿음으로 인해 이 같은 추행이나 성관계가 일종의 헌신으로 여겨진다.

(1) 현행법상 제재법령 및 판례의 태도

사이비·이단 단체 내에서 성폭력을 당했을 때, 현행법상 다음의 법률 등에 의해 가해자의 처벌이 가능하다. 다만 법률에서 정한 요건을 충족해야 하고, 그에 대한 입증자료가 명백한 경우에 한해 처벌이 가능하다.

폭행 협박에 의해 피해자의 항거가 불가능한 상태에서 강간 행위 및 추행 행위가 이루어진 경우 형법 제297조 이하 규정에 의해 강간죄와 강제추행죄로 처벌이 가능하다. 또한 사이비·이단 단체의 교주나 지도자, 중간 관리자가 자신의 보호 또는 감독을 받는 교인에게 위계나 위력을 사용하여 간음하거나 추행하는 행위에 대하여도 처벌이 가능하다. 업무상 위력 등에 의한 간음한 경우 대하여는 형법 제303조에서 규정하고 있고, 업무상 위력 등에 의한 추행에 대하여는 성폭력범죄의 처벌 등에 관한 특례법 제10조에서 처벌 규정을 두고 있다. 이 경우 위력은 피해자의 자유의사를 제압하기에 충분한 세력을 말하고, 유형적이든 무형적이든 상관없이 폭행 협박뿐 아니라 사회적, 경제적, 정치적인 지위나 권세를 이용하는 것도 가능하고 현실적으로 피해자의 자유의사가 제압될 것을 요하는 것도 아니다.[7] 위계는 간음의 목적으로 상대방에게 오인, 착각, 부지를 일으키고 상대방의 그러한 심적 상태를 이용하여 간음의 목적을 달성하는 것을 말하는데, 여기에서 오인, 착각, 부지란 간음행위 자체에 대한 것이지 간음행위와 불가분적 관련성이 인정되지 않는 다른 조건에 관한 것에 대한 오인, 착각, 부지는 인정되지 않는다.[8] 이상과 같이 피해자가 장애가 없는 성인인 경우 항거불능, 위계나 위력에 해당하지 않는 경우 처벌이 쉽지 않다.

(2) 준강간죄, 준강제추행죄의 인정에 대하여

그렇다면 사이비·이단 단체가 피해자로 하여금 심리적으로 반항을 할 수 없도록 미리 세뇌 및 교육하여 항거가 불능한 상태로 만들고, 이 상태를 이용하여 간음 및 추행 행위를 하였다고 보아 준강간죄 또는 준강제추행죄가 인정될 수 있을까.

준강간 또는 준강제추행이 강간이나 강제추행과 다른 점은 간음 당시 폭행 또는 협박의 유무이다. 준강간 및 준강제추행의 경우에는 피해자가 폭행이나 협박으로 인해 항거불능 상태에 빠지는 것이 아니라 이미 어떤 사유로 인해 항거가 불능한 상태였고, 이 상태를 이용하여 간음 및 추행이 이루어진다. 항거불능은 심신상실 이외의 이유로 인해 심리적·육체적으로 반항이 곤란한 경우를 말하고, 항거불능의 상태는 강간죄 및 강제추행죄와의 균형상 그 반항이 절대적으로 어려운 경우 또는 현저하게 어려운 경우여야 한다.

---

7 대법원 1998. 1. 23. 선고 97도2506 판결.
8 대법원 2002. 7. 12. 선고 2002도2029 판결.

우리나라의 대법원 판례는 사안에 따라 다르게 판단하고 있다. 대법원은 사이비·이단 단체의 목사가 기도원에서 안수 및 안찰 행위를 하면서 자신의 요구를 거절하는 것은 하나님의 말을 거역하는 것이고, 이에 응하지 않으면 귀신이 나가지 않고 질병이 생긴다고 말해 이를 믿고 저항하지 않는 여신도들의 가슴 등 신체 중요 부분을 만진 사안에서 피해자들이 본인이나 가족의 병을 낫게 하려는 마음에서 목사인 피고인의 요구에 응하였고, 당시 피고인과 대화를 주고받기도 한 사실을 바탕으로 피해자들이 당시 피고인의 성적 행위를 인식하고 이에 따른 것이 항거가 현저히 곤란한 상태였다고 보기 어렵다는 이유로 무죄를 선고한 바 있다.9 피해자들의 교육 정도와 혼인 생활에 비추어 정상적인 판단 능력이 있는 성인 여자이고, 통상적으로 안수나 안찰 행위로 정신이 혼미해져 의지대로 행동할 수 없는 것은 아니라고 판단한 것이다. 그러나 위 판례는 피고인이 이미 종교적인 의미로 피해자들이 심리적으로 자신의 지배 복종 하에 놓이도록 한 행위에는 전혀 초점을 두고 있지 않다. 이 사안은 안수와 안찰 행위 자체가 문제가 아니라 그 요구를 거절하면 하나님의 말을 거역하게 되고, 귀신과 질병이 떠나지 않게 될 것이라는 믿음을 형성하여 피해자들로 하여금 성적 자기 결정권을 행사하지 못하게 한 것으로 보인다.

또 다른 판례에서는 교주가 교회 여신도들을 간음하고 추행한 사안에서 준강간죄와 준강제추행죄를 인정한 바 있다.10 이 사안

---

9 대법원 2000. 5. 29. 선고 98도3257 판결.
10 대법원 2009. 4. 23. 선고 2009도2001 판결.

에서 대법원은 피해자가 폭행이나 협박 등에 의해 강제로 성폭행을 당하지 않은 경우라 하더라도 피해자가 가해자에 대하여 갖고 있던 믿음과 경외감, 추행 당시의 가해자 및 피해자의 행위 내용과 태도, 그 당시 피해자를 둘러싼 제반 환경과 피해자의 심리상태, 연령, 지적 능력 등에 비추어 보면, 가해자에 대한 종교적 믿음이 무너지는 정신적 충격을 받으면서 그 행위가 종교적으로 필요한 행위로서 이를 용인해야 하는지에 관해 판단과 결정을 하지 못한 채 곤혹과 당황, 경악 등 정신적 혼란을 겪어 그 행위를 거부하지 못하고, 그 행위를 그대로 용인하는 다른 신도들이 주위에 있는 상태에서 위와 같은 정신적 혼란이 더욱 가중된 나머지, 그 행위가 성적(性的)인 행위임을 알았다고 하더라고 반항이 현저하게 곤란한 상태에 있었다고 판단하여 준강간죄 등을 인정한 바 있다.

그러나 이단 사이비 단체에서 신앙심을 이용한 간음과 추행한 대부분의 경우에 법원은 대체로 강간죄 및 준강간죄를 인정하고 있지 않는 듯하다. 성폭행 당시 항거가 불가능할 정도의 폭행 협박이 있는 경우는 많지 않고, 강간죄와 같은 형량으로 처벌되는 준강간죄의 성립도 반항이 절대적으로 어렵거나 현저하게 어려운 상태에 있어야 하는 등으로 엄격하게 판단되기 때문이다. 그러나 피해자는 이미 단체에서 심리적 통제에 놓이기 때문에 자유롭게 성적 자기결정권을 행사할 수 있는 상태가 아니다. 사이비·이단 단체가 피해자로 하여금 미리 의사조종을 통해 심리적으로 항거할 수 없는 상태로 만들어 복종하게 하였다면 준강간죄 또는 준강제추행죄로 행위자를 처벌할 수 있어야 한다.

(3) 자율성이 억압된 상태에서의 성폭력 행위 처벌 가부

따라서 항거불능, 위계, 위력에 해당하지 않고 준강간죄 또는 준강제추행죄에 해당하지 않는 경우에도 실질적으로 성적 자기결정권이 침해된 상태에서의 간음행위나 추행행위를 처벌할 수 있을지가 문제된다. 즉, 성관계에 대한 피해자의 명시적 또는 묵시적 동의가 없는 상태에서 사이비·이단 단체로 인해 교육 및 세뇌되어 항거하지 못하는 상태를 이용하여 간음행위 또는 추행행위를 한 경우 별도로 처벌 규정을 마련하여 제재 및 처벌할 수 있을지가 문제된다.

사실상 사이비·이단 단체로 인한 문제는 대다수 이 경우에 해당할 것으로 보인다. 사이비·이단 단체 중 일부 단체는 특별히 성과 관련한 교리를 가지고 있는 단체도 있다. 통일교 문선명의 피가름 교리나 유사한 교리를 가지고 있는 정명석, 박윤식이 창설한 단체들이 대표적이다.[11] 이에 대해 '경제적으로 혹은 지위로 열위에 있거나 술 등에 의하여 영향을 받은 상태에 있는 사람의 경우에는 원칙적으로 성관계에 동의할 수 없으며, 설령 동의가 있더라도 그 동의에 기초하여 성관계에 이르기 위해서는 적극적인 동의가 있어야 하고 그것을 상황과 결과에 대한 정확한 인식을 바탕으로 이루어졌는지 재확인되어야만 유효한 동의가 될 수 있다'고 보아 형법상 강간죄의 판단 기준을 항거불능을 기준으로 하는 것이 아니라 피해자의 동의 여부를 기준으로 해야 한다는 의견이 있

---

11 허호익,『한국의 이단 기독교』(서울: 동연, 2020), 117

다.12 이처럼 피해자의 동의 여부를 기준으로 판단하게 되면, 종교적 권력으로 우위에 있는 자가 의사조종을 통해 피해자로 하여금 교주의 성폭력 행위를 거부하지 못하게 한 경우에 피해자의 명확한 동의 의사가 표현되지 않았다면, 동의 없는 성행위는 성적 자기결정권 및 인격권을 침해한다고 보아 강간죄 및 준강간죄 등으로 처벌이 가능하다. 이단 단체 내에서 교리나 교육 등으로 의사조종 행위가 인정되는 경우, 행위 당시 적극적인 동의가 있었고 그 동의가 명확히 성행위에 대한 것임을 분명히 한 경우에 한하여 당사자의 의사에 기한 행위로 봐야 한다. 그러나 성행위의 의미를 당사자가 본래의 의미로 인식한 상태에서 동의한 것이 아니라면 이는 자율성이 억압된 상태에서의 동의 없는 성관계로 취급되어 처벌할 수 있어야 할 것이다.

(4) 증명 곤란의 문제

사이비 · 이단 단체로 인한 성폭력 문제는 자율성이 억압된 상태에서 명백한 동의 없는 성폭력 행위에 대한 처벌 규정이 없다는 문제점 외에도 증명 곤란의 어려움이 크다.

피해당한 후 상당한 시간이 경과하고 신고를 한 경우 입증이 어려워 처벌이 어려워진다. 성폭행을 당하고도 고소나 피해에 대한 문제제기를 하지 않은 상태에서 단체에서 계속 활동을 하는 경우가 많다. 피해자가 자신이 사이비 · 이단 단체에 의해 속았다는

---

12 옥도진, "비자발적동의에 의한 성관계는 강간인가 — 성적 자기결정권침해 판단기준에 관한 검토,"「인권과 정의」478 (2018. 12.)

사실을 깨닫고 나중에야 신고나 고소를 하는데, 피해자가 피해당한 이후에도 오랜 기간 아무런 이의제기 없이 단체생활을 종전과 같이 계속해 온 경우에는 성폭력 피해자가 취했을 행동으로 보이지 않아 자의에 의한 성관계로 여겨져 기소조차 되지 않을 수 있다. 무엇보다 피해당한 후 일정 기간이 지나게 되면 피해자의 진술 외에는 강간 및 추행 행위에 대한 증거를 확보하거나 제시하기가 매우 곤란해진다. 피해자의 진술은 시간이 지나면서 정확성이 떨어지고, 조사과정에서 단체 내 다른 가해자를 돕는 조력자들의 참고인 진술에 의해 신빙성을 잃기도 한다. 가해자가 처벌받지 않는 사례를 통해 단체 내에서 동일한 불법행위가 계속 발생하게 되는 것이다.

성폭력 사건은 그로 인한 정신적인 충격이 크고 피해자들은 단체의 문제점을 알고 탈퇴를 한 후 우울증 등 더욱 심한 정신적인 후유증을 겪는 사례가 많다. 또한 이 같은 정신적인 문제는 개인의 일상생활을 파괴하여 정상적인 생활을 영위할 수 없게 만들고, 회복하는 데 상당한 시간이 소요된다. 따라서 의사조종을 통해 성적 만족을 취한 가해자에 대한 형사 처벌이 가능하도록 법률을 만들고, 위자료 등 손해배상이 가능하도록 법제화될 필요가 있다. 의사조종을 통해 성적 만족을 취한 가해자는 반드시 처벌된다는 인식을 통해 불법행위가 반복되지 않도록 경계할 수 있을 것이다.

4) 청춘 반환 소송에 대하여

사이비·이단 단체의 교리나 설교에 따라 잘못된 믿음을 갖게 되고 이에 따라 행동하다가 경제적 정신적 손해를 입게 된 경우 이에 대하여 손해배상을 구할 수 있는지 문제된다. 예를 들어 직장을 그만두거나 학교를 자퇴하고 단체의 포교 활동에 매진해야 한다는 등의 설교와 지시를 반복해서 듣고 결국 퇴직 또는 자퇴를 하고 단체의 활동에 치중하여 생활하다가 심각한 경제적 곤란을 겪게 되는 경우이다. 이 경우 개인뿐 아니라 가정이 함께 어려움을 겪게 된다. 이로 인해 이단 사이비 단체로 인한 피해는 개인의 문제가 아니라 사회적 문제가 된다. 그러나 단체를 탈퇴하였을 때 잘못된 교리로 인한 손해배상을 구하려고 하더라도 개인의 자유로운 의사결정에 기한 행동으로 보면 손해배상을 청구할 수가 없는 것이 원칙이다.

이때 그 같은 의사결정 과정에 단체의 지속적인 강압이 있었던 경우 이를 불법행위로 보아 손해배상 청구를 할 수 있도록 해야 할 필요성이 크다. 특히 앞서 살펴본 바와 같이 의사의 조종이 있었다고 보이는 정황들이 입증된다면 자유로운 의사결정이 있던 상태가 아니었다고 보아야 할 것이다. 최근 문제되고 있는 청춘 반환 소송과도 연관되는 문제이기도 하다.

청춘 반환 소송은 신천지의 모략 전도 포교 방식으로 인해 신천지에 포교된 신도들이 사기 포교에 속아 허비한 세월과 물질적 손해를 보상해 달라며 신천지를 상대로 손해배상을 청구한 소송을 가리킨다. 재판부는 1심 판결에서 신천지의 지교회가 다른 교회 신도를 상대로 신천지 소속이라는 것을 알리지 않은 채 문화 체험 프로그램이나 성경 공부를 명목으로 접근하여 신천지 교리를 공부하게 하고, 교육 시에도 신분을 속인 신천지 사람이 함께해 피전도자가 세뇌될 때까지 옆에서 관리한 것 등 전도 방법이 종교의 자유를 넘어 헌법이 허용하지 않는 것으로 위법성이 있다며 신천지의 전도 방법이 위법하다고 판단하였고, 이에 기하여 위자료로 500만 원을 지급할 것을 판결한 바 있다.13

이때 처음에는 몰랐으나 나중에라도 신천지임을 알았다면 자유의지대로 탈퇴가 가능했던 것 아닌지 의문이 생기기도 한다. 그러나 전도 초기, 신천지라는 사실을 숨기고 접근해 복음방을 거쳐 센터까지 이끄는 행위는 기망행위로 볼 것이다. 신천지 교육을 정통 교단에 소속된 성경 공부로 오인하여 참석하였고, 이미 위 교육이 정상적인 교육으로 믿고 세뇌 및 교육된 상태에서는 객관적인 정보를 바탕으로 한 자유로운 판단을 하기 어렵게 된다. 따라서 이 단계에서는 해당 교리를 진리로 믿게 되어 자유로이 이탈할 수 있는 상태가 되지 못한다. 따라서 법원도 이 같은 기망행위가 내포된 소위 모략적 전도행위를 불법행위로 판단하여 탈퇴자에게 위자료를 지급하도록 한 것이다.

---

13 대전지방법원 서산지원 2018가단58184 손해배상(기)판결.
　　"속아서 신천지 빠졌고, 속여서 신천지로 끌어들였다," 「뉴스앤조이」 (2019. 7. 17.),
　　https://www.newsnjoy.or.kr/news/articleView.html?idxno=224458.
　　"법원 신천지 '모략 전도'는 헌법 위배," 「뉴스앤조이」 (2020. 1. 14.),
　　https://www.newsnjoy.or.kr/news/articleView.html?idxno=226290.

(1) 사이비·이단 단체의 강요에 의한 의사결정 판단 기준

자기 스스로 자유롭게 의사를 결정한 것이 아니라 사이비·이 단 단체의 지시 및 강요에 의해 학업과 직장을 그만두었는지를 판 단하기 위해 다음의 요건을 모두 충족해야 할 것이다. ① 설교와 교리에서 지속 퇴직과 휴학이나 자퇴에 대한 권고가 있었던 경우 ② 퇴직이나 휴학 및 자퇴를 하지 않으면 개인에게 불이익이 발생 할 것이라는 공포심을 주었는지 여부 ③ 퇴직 및 학업 중단 이후 단체를 위해 포교 활동을 포함하여 매일 규칙적으로 상당한 시간 노동력을 제공하였는지 여부 ④ 이로 인해 경제적 수입을 잃거나 본인과 가정에 경제적 곤란이 발생된 경우를 그 요건으로 들 수 있다.

(2) 손해 산정의 어려움 및 정신적 손해배상의 한계

그렇다면 청춘 반환 소송 시 어떤 손해를 입었다고 볼 것인가의 문제가 발생한다. 직장을 그만두어 지속적인 수입을 얻지 못한 것 과 학교를 퇴학 또는 휴학하여 받은 손해를 평가하기가 어렵기 때 문이다. 또한 반대급부인 근로를 제공하지 않았으므로 종전 수입 을 그대로 손해액으로 인정하기는 곤란하다.

이러한 경우 현행법상 배상 청구가 가능한 방법은 정신적 손해 배상인 위자료뿐이다. 우리나라의 손해배상제도는 적극 손해, 소 극 손해, 위자료로 손해를 산정하는데, 이는 실제 피해액을 기준 으로 피해를 전보하는데 그치는 경우가 일반이다. 더욱이 위자료 의 액수는 실제 피해자가 입은 피해에 비해 매우 적다고 느껴지는 경우가 대부분이다. 사안에 따라 다양한 정신적 손해를 수치화하

기가 매우 어렵고, 재산적 손해에 대해 배상이 이루어지면 보통 정신적인 손해도 치유된다고 보는 경향이 있다. 실무상 위자료의 액수는 크지 않으나, 단체에 의해 퇴직과 자퇴가 직간접적으로 강요되어 입은 손해는 개인에게는 매우 큰 손해인 경우가 많다. 따라서 이단 사이비 단체로 인한 피해 예방을 위해 단체 활동 중 직장 및 학업을 잃고 가정이 해체되는 피해를 입은 경우 후술하는 징벌적손해배상규정이 도입이 가능한지 문제된다.

5) 사이비·이단 단체로 인한 손해에 대하여 징벌적손해배상규정의 도입 필요

사이비·이단 단체의 위와 같은 불법행위 중 소송을 통해 피해가 구제되는 경우나 교주가 처벌되는 경우는 극히 일부분이다. 증거로 입증되는 몇 사례를 제외하고는 대부분 종교적 자유의 범주내의 행위로 치부되기 때문에 수단과 방법을 가리지 않고, 모략이라는 미명으로 속이고 가입시켜 교인의 시간과 물질을 빼앗고 이로 인해 단체의 세를 늘리는 불법행위가 반복되고 있다. 그리고 이로 인한 정신적, 물질적, 사회적인 피해는 앞에서 본 바와 같이 심각하다.

그렇다면 이와 같이 정신적으로 피해가 큰 사이비·이단 단체의 불법행위야말로 징벌적손해배상이 필요한 사안이 아닌가 한다. 징벌적 손해배상이란 가해자가 악의적, 반사회적 의도로 불법행위를 한 경우 피해자가 입은 재산상의 손해보다 더 많은 금액을 배상하게 하는 제도로 가해자에 의해 불법행위가 반복되는 상황을 막고, 다른 이로 하여금 이와 유사한 행위를 하지 못하도록 예방하기 위한 목적으로 악의적 행위에 대한 처벌적, 형벌적 성격의 손해배상을 말한다. 미국에서부터 시작되어 주로 영미법계 국가에서 시행하고 있으며 최근 우리나라에서도 거대기업의 횡포를 막기 위해 독점규제법 및 일부 분야에 도입하여 일부 법률에서 사용하기 시작했다.[14] 그러나 아직 일반적인 손해배상 사건에는 법제화되지 않아 적용하지 않는 상황이다. 한편, 현재의 입법 상황에서 적극적 손해나 소극적 손해를 산정할 때 행위 불법을 고려할 여지가 없으니 정신적 손해인 위자료를 산정할 때 가해자 요소를 고려하여 위자료 제도를 적극 활용해야 한다는 견해[15]도 있다. 그러나 앞서 살편 바와 같이 법원이 위자료 산정에 매우 소극적이고, 위자료로 인정되는 금액이 크지 않기에 사이비·이단 단체 제재의 실효성이 크지 않은 것이 현실이다.

이 때문에 만약 이단 규제와 관련한 사이비·이단 단체 제한법을 시행한다면 징벌적 손해배상 규정을 두어 반복된 피해를 어느 정도 예방할 수 있을 것으로 생각된다. 법원이 불법행위 유형에 따라 적정한 위자료를 산정방안을 마련하여 시행하고 있듯이, 법률로 사이비·이단 단체로 인한 불법행위의 각 유형에 따라 손해

---

14 정완, "독점규제법상 징벌적 손해배상제도 도입에 관한 입법방안 검토," 「경희법학 제52권 제1호」 (2017), 264-267.
   "갑질 신고한 대리점에 보복한 본사, 3배 징벌적 손해배상해야," 「연합뉴스」 (2020. 7. 28.), https://news.v.daum.net/v/20200728120037322.
15 "[전문분야 이야기]징벌적 손해배상과 위자료," 「대한변협신문」 (2020. 4. 15.), https://news.koreanbar.or.kr/news/articleView.html?idxno=19764

배상의 기준 금액을 설정하고, 법관이 구체적 사안을 고려하여 가해자의 행위 불법적 요소를 반영하여 가중된 손해배상을 인정할 수 있도록 규정할 수 있을 것이다.

종교의 자유를 가진 자가 자기 스스로 자유로운 의사결정을 할 수 있는 상태에서는 그 결정에 스스로 책임을 지는 것이 타당하다. 그러나 사이비·이단 단체의 여러 통제 및 지시에 의해 판단 능력을 가지지 못한 상태에서 행위를 한 경우 그 피해를 속아 넘어간 피해자의 탓만으로 돌려서는 안 된다. 그리고 이러한 피해자를 속이고 기만한 사이비·이단 단체에 반드시 그 행위와 결과에 상응하는 책임을 지울 수 있어야 한다.

V. 사이비·이단 단체에 대한 통일적 제재 가능성

1. 사이비·이단 단체에 대한 제한 법률의 필요성

앞서 살펴본 바와 같이 사이비·이단 단체로 인한 피해가 크지만 이를 실효적으로 제재하기 어렵고, 그로 인한 손해가 제대로 전보되지 않는다. 이 때문에 사이비·이단 단체와 관련하여 특징적으로 문제되는 사례에 대하여 실질적인 손해의 전보 및 배상이 가능하도록 하고, 사이비·이단 단체의 반사회적 행동이 재발되지 않도록 이단 사이비 단체를 규율할 통일적 법률이 필요하다.

사이비·이단 단체에 관한 통일적인 제재 법률이 만들어진다면 다음의 사항이 꼭 포함되어야 할 필요가 있다. 앞서 살핀 바와 같이 엄격한 요건하에 단체실명제를 위반한 때에 제재가 필요하고, 무임금 노동력 착취 문제의 경우 손해배상이 가능하도록 규정을 마련하고, 단체의 의사조종이 인정되는 경우 개인의 경제적 사정을 매우 곤란하게 만들 수 있는 과도한 헌금 반환 청구가 가능하도록 규정해야 할 것이다. 또한 의사조종으로 인해 성적 자기결정권 등 개인의 자율성이 침해된 경우 그 기망행위로 인한 정신적 피해를 넓게 인정하여 단체가 그 소유 재산으로 손해배상을 하도록 하는 규정이 포함되어야 한다.

다음으로 피해자들의 증거수집에는 어려움이 많은 점을 고려하여 완화된 입증 책임을 부여할 필요가 있다. 증거들은 조직을 위해 은폐되고, 단체 내에 속한 사람들의 증언은 단체에 유리하게 진술되어 증거의 신빙성을 확보하기 어려운 경우가 많다. 따라서 사이비·이단 단체의 위법 행위에 대한 직접적인 증거가 없는 경우에도 정황 증거를 토대로 인과관계나 과실을 추정하는 규정을 두어 피해자의 손해배상 청구 시 완화된 입증 책임을 부여할 필요성이 있다.

마지막으로 책임 귀속의 문제이다. 피해자들에 대하여 종교적 의미로 정신적 조종행위를 한 교주나 중간 관리자들에게 형사법상 교사범 또는 공동 정범에 준해서 책임을 지우고, 이단 사이비 단체의 의사조종에 따라 행위에 가담하게 된 행위자에 대해서는 실제 실행 행위를 하였다고 하더라도 방조에 준하여 감형하는 등으로 양형에 참작할 수 있도록 하는 방안을 고려해볼 수 있다. 이를 통해 증거를 보다 쉽게 마련하고, 진실한 증언을 얻을 수 있지 않을까 기대한다. 또한 기망행위를 정당화하는 교리를 둔 가담한 단체를 양벌 규정을 두어 제재하고, 피해자를 위해 단체의 재산에 압류 및 집행이 가능하도록 규정을 둔다면 반복되는 사이비·이단 단체로 인한 반사회적 행위를 규제하는 데 효과가 있을 것으로 생각된다.

2. 사이비·이단 단체 제한 법률 입법 시 유의점

1) 사이비·이단 단체의 개념의 명확화 필요

사이비·이단 단체에 대한 제한 법률의 입법 시에는 사이비·이단 단체의 개념을 설정하고, 사이비·이단 단체를 누가 규정하고 해제할 것인가가 중요하다. 프랑스의 경우도 '종파규제법'의 종파의 개념을 명확하게 규정하지 못한다는 비판이 있었다. 개념 설정이 명확하지 않으면 정통 교단도 이 법에 의해 구속되게 되어 결국 종교의 자유를 침해할 수 있다는 논리이다. 사이비·이단 단체에 대한 통일된 개념이 성립되어 있지 않은 우리나라의 경우에도 같은 이유로 사이비·이단 단체를 제재할 통일적인 법령 제정에 어려움이 예상된다. 개신교계에서 이단 규정 및 해제에 있어가장 공신력 있는 기관은 각 교단이다. 그러나 교단마다 이단을 규정하는 기준이 조금씩 다르고 이단과 이단성, 사이비에 대한 개념도 통일되어 있지 않다. 그 밖에 이단 결의와 이단 해제를 교회 연합 기관에서도 할 수 있도록 할 것인지와 규정과 해제의 기관이

다룰 수 있는지 등에 대하여 의견이 분분하다. 또한 각 교단에서 자율적으로 이단을 연구 조사하고 규정 및 해제하는 경우 일부 교단만의 이단 규정 및 해제 시 그 정당성에 의문이 생길 위험이 있다. 각 교단마다 이단 규정의 표준지침과 운영지침을 마련하여 적법하고 일관성과 형평성이 있는 절차를 통해 이단 규정과 해제가 이루어져야 할 필요성이 있다.16

2) 엄격하고 구체적인 구성요건 마련

사이비·이단 단체에 대한 제한 법률이 마련된다면 제재의 대상은 사이비·이단의 정통 교단과 명백히 구분되는 엄격한 요건과 구체적 표징을 지닌 단체에 한정되어야 한다. 또한 법률의 문언은 명확하고 구체적으로 규정되어야 한다. 제재의 목적이 사이비·이단 단체의 행위이기 때문이 아니라 그로 인해 반사회적인 행위를 제재하고자 함이므로 금지하고자 하는 행위가 명확히 규정될 필요가 있다. 무엇보다 형사 처벌이 전제되는 경우 앞에서 살핀 바와 같이 제한하는 각 행위에 대하여 객관적으로 누구나 납득할 수 있는 합리적인 요건을 두어야 한다.

또한 종교의 신학적인 의미에 대해 잘 알지 못하는 법원에 의해 사이비·이단 단체가 규정되는 결과가 발생하지 않도록 가급 구체적인 문언으로 설명되는 등 법률 자체에서 개념을 파악할 수 있도

---

16 허호익, 『한국의 이단 기독교』 (서울: 동연, 2020), 46

록 규정되어야 하고, 구체적인 요건이 마련되어야 한다. 그 행위가 정신적인 조종행위로 인하여 자율성이 없는 상태에서 한 행위인지, 종교적 믿음이나 신념에 따른 행위인지 등을 판단하는 과정에서 종교에 대한 이해가 크지 않은 법관에게 넓은 판단 재량이 주어질 수 있을 것이기 때문이다.

이 때문에 사이비·이단 단체에 대한 입법적 규제는 사이비·이단 단체에 대한 사이비·이단 단체의 모든 불법행위를 제재하려 하기보다, 기존의 입법 공백으로 인해 해결되지 않던 타인의 인권을 침해하고 사회적 영향이 큰 반사회적 행위를 제재하는 데 초점을 두어야 할 것이다. 타인의 인권을 침해하고, 사회적으로 영향을 크게 미치는 반사회적 행위를 제재하는 목적에 따라 이단 사이비 단체로 인한 사회적인 문제가 큰 경우 및 기존의 법령으로 해결되지 않던 심각한 문제를 해결하는 문제에 초점을 두고 만들어져야 할 것으로 생각된다.

VI. 결론

사이비·이단 단체도 종교의 자유를 가지나 이를 이용하여 다른 사람의 기본적 인권을 침해하는 경우, 이는 종교의 자유의 한계를 벗어난 행위로 제재가 필요하다. 특히 계속하여 문제가 되는 부분은 시한부 종말론적 사상을 통해 사람들의 의사를 조종하여 경제적, 정신적, 신앙적인 면에서 큰 타격을 입히고, 개인을 단체의 통제에 둠으로써 사회적 지위를 무너뜨리고 가족을 해체하는 문제이다. 원인을 제공한 사이비·이단 단체는 개인의 삶이 피폐하게 하고 회복할 수 없는 손해를 준 후 이에 대한 책임을 전혀 지지 않으려 한다. 이처럼 사이비·이단 단체가 개인을 속여 자기 단체의 신도로 만들고 경제적 이득을 취하고 도덕적, 윤리적으로 허용되지 않는 기이한 일들을 시키고, 심지어 범죄에까지 이르게 한다면 계속 반복되는 피해를 막기 위해서라도 사이비·이단 단체의 사회적 역기능에 대한 엄격한 제재가 반드시 필요하다.

사이비·이단 단체의 기망행위를 통한 반사회적 행위 및 영향력을 배제하고 이에 대해 책임을 지우기 위해 현행 법률을 적용하는 과정에서 그 행위를 규제할 법률이 없는 경우가 많고, 입증 또한 매우 어렵다. 이 때문에 이단 사이비 단체의 불법행위는 반복되는 것이다. 문제는 사이비·이단 단체의 종교적 믿음에 근거한 불법행위로 인한 피해가 크다고 하여도 이에 피해자의 자유로운 의사가 개입되었다고 보이는 경우 자기의 의사결정에 의한 행위로 보아 이단 사이비 단체에 대한 처벌이나 손해배상이 어려워진다. 이처럼 현행 법률로 다루지 못하는 입법의 공백이 존재하기에 사이비·이단 단체로 인해 의사조종되어 실질적 자율성을 가지지 못한 채 의사를 결정하고 행위하는 개인을 보호하기 위해 국가가 법률로써 보호해야 할 필요가 있다. 앞서 살핀 바와 같이 사이비·이단 단체의 문제가 발생하는 특이성을 고려하여 사이비·이단 단체로 인해 발생하는 사회적 영향이 크고 해악이 반사회적 행위들에 대해 통일적인 법률이 마련된다면 반복되고 있는 사이비·이단

단체로 인한 문제를 줄이고 피해자들의 피해 회복도 가능해질 것
으로 생각된다.

그러나 사이비·이단 단체를 제한해야 하는 가장 중요한 필요
는 자기 스스로 보호하지 못하는 개인을 보호하고자 함이고, 실질
적으로 인간의 존엄과 행복추구권 등 기본권을 보호하고자 함이
다. 사이비·이단 단체를 법률로써 제한하는 경우에도 종교의 자
유의 본질적 내용이 침해되지 않도록 최선의 노력을 다하여야 한다.

제 3 장
한국 사이비 · 이단 단체의 사회적 역기능 사례

허호익*

I. 서론

코로나19(Covid-19) 1차 집단 재확산의 빌미를 제공한 이만희 신천지 교주는 간부들과 공모해 방역 당국에 신도 명단과 집회 장소를 축소해 보고하여, 감염병예방법 등을 위반한 혐의로 구속되었다. 서울시는 2020년 3월 26일 신천지의 사단법인 '새하늘새땅 증거장막성전예수교선교회'가 공익을 현저히 해치고 허가 조건을 위반했고, 정부의 방역 활동을 방해하는 지시를 내려 국민의 생명과 안전을 심각하게 침해했으며, "종교의 자유를 벗어난 반사회적 단체"라고 하여 사단법인 설립을 취소한 바 있다. 6월 11일에는

---

* 대전신학대학교 은퇴교수, 대한예수교장로회(통합) 이단사이비대책위원회 전문위원 역임, 한국조직신학회 회장 역임

대구시로부터 코로나19 집단 확산의 책임이 있다고 하여 1,000
억 원의 손해배상 소송을 당하였다.

사랑제일교회의 전광훈 목사는 공직선거법 위반으로 구속되
었다가 보석 중인데도 불구하고 보석 조건을 위반한 채, 코로나19
검사를 거부하고 2020년 8월 15일 서울 동화면세점 앞에서 보수
단체 '일파만파'가 주최한 집회에 참석했다. 그 후 8월 17일 그의
아내와 함께 코로나19 확진 판정을 받았다. 이 집회에 참석한 사
랑제일교회 교인 중심으로 코로나19의 집단 확산이 재발하여 대
한민국이 심각한 위기에 처하게 되었다. 그러나 사랑제일교회의
전광훈은 "하나님 꼼짝 마. 까불면 나한테 죽어" 등의 신성모독적
발언 등으로 한국 교계에서 사이비·이단 시비가 계속되고 있으
나, 아직은 주요 교단에서 사이비·이단 결의를 보류한 상황이므
로 여기서는 다루지 못하는 아쉬움이 있다.

이어서 인터콥이라는 선교단체의 최바울은 코로나 백신 개발
에 성공했다는 뉴스가 전해지자 "백신으로 DNA 구조를 바꾼다"
며, "백신을 맞으면 세계가 그들의 노예가 된다"라고 하였다. 심지
어 문재인 정권 역시 사탄의 대리자 역할을 하는 세계 단일 정부의
추종 세력이므로 정부의 방역 수칙에 협조하여 대면 예배에 소극
적이거나, 코로나 백신을 접종하는 일이 없어야 한다고 주장한 것
으로 알려졌다. 이런 주장의 여파로 인터콥을 통해 전국적인 3차
코로나 집단 확산이 증폭되었다. 지난 2020년 10월 9~10일 경북
상주시 인터콥 BTJ열방센터에서 개최한 집회에 약 3,000명이 참
석하였고, 이들로 인해 3차 재확산이 일어나기도 하였다. 이 외에

도 '일부 핵심 교리 그 자체가 비윤리적이고 반사회적인 행위를 부추기고 정당화하는 사이비·이단 단체'의 사회적 물의는 이루 말할 수 없다. 그 사례로 2019년 11월 5일 수원지방법원은 남태평양의 피지(Fiji)섬을 말세의 피난처인 피지(避地)라며 400여 명의 신도를 집단 이주시키는 과정에서 폭행, 사기, 감금 등 아홉 가지 혐의로 은혜로교회 신옥주에게 징역 7년 형을 선고하였다.

세월호 침몰사고의 원인 제공자도 구원파의 유병언이라는 대법원 판결이 최근 보도되었다. 2014년 4월 16일에 여객선 세월호가 전복 침몰하여 476명의 승선 인원 중 시신 미수습자 5명을 포함한 304명이 사망하여 우리 사회에 큰 아픔을 주었는데, 2020년 1월 17일 4년간의 재판 끝에 대법원은 유병언이 '세월호 침몰사고의 원인을 제공한 자'에 해당한다고 판결한 것이다.

박근혜 전 대통령의 탄핵과 파면 및 구속 사건도 영세교(靈世敎)의 교주였다가 사이비 목사가 된 최태민과 그의 영적 후계자로 여겨진 그의 딸 최순실에 의해 자행된 국정 농단의 결과였다. 혈육 이상의 특수한 친분 관계를 이용하여 대통령을 정신적으로 통제하여 국정에 개입하고 농락한 혐의로 최순실은 2020년 6월 11일 대법원 판결로 징역 18년, 벌금 200억 원, 추징금 63억 원이 최종 확정되었다. 그리고 박근혜 전 대통령은 2020년 7월 10일 국정농단과 국정원 특수활동비 상납 사건 파기환송심에서 징역 20년형 및 벌금 180억 원과 추징금 35억 원을 선고받았다.

이처럼 사이비·이단 단체는 한 개인과 가정을 몰락하게 할 뿐 아니라, 온갖 범죄의 온상이 되어 사회를 혼란시키고 나아가 국가의 기강을 무너뜨리고, 국정을 농락할 수 있다는 역사적 사례를 우리는 지금 눈앞에서 슬픔과 분노를 겪고 있다. 이를 계기로 한 국의 사이비·이단 단체의 사회적 역기능 사례들을 살펴보고 사이 비·이단 단체에 대한 사회적 경각심을 일깨우려고 한다.

무엇보다도 통일교 문선명의 피가름 교리 및 축복 결혼의 삼일 (三日) 행사 교리, 다미선교회 이장림의 휴거 교리, 정명석의 애천 교회의 애인 교리, 구원파 유병언의 헌금으로 사업을 하는 것이 '성도의 교제'라는 교리, 은혜로교회의 신옥주의 피지 교리 및 타 작 마당 교리, 신천지 이만희의 모략 교리 등 '사이비·이단 단체' 의 거짓된 교리 자체가 사회적 역기능의 근본 원인으로 작용한 사 례들을 제시하려고 한다.

II. 통일교 문선명의 피가름 교리와 혼음 사건

문선명(1920~2013)은 평안북도 정주에서 태어나 16세 되던 1935년 4월 17일 부활절 아침, "기도 가운데 나타난 예수님을 만 나 인류 구원의 사명을 자각"하고, 이후 "우주 창조와 성경의 비밀 을 밝히기 위해 깊은 기도와 진리의 세계에 들어갔다"[1]고 한다. 그 는 김성도, 백남주, 황국주, 김백문, 정득은으로 이어지는 소위 '피 가름교리'를 체계화하여 삼일 행사를 중심으로 이루어지는 '합동

---

1 '생애와 노정', https://www.ffwp.org (2016. 2. 3.)

결혼식'을 통해 교세를 확장하였다.[2]

피가름 교리는 "음란이 타락의 동기"라고 한 김성도(1882~1944)의 주장에서 비롯된 것이다. 김백문은 한 걸음 더 나아가서 아담과 하와가 선악과를 따먹은 후 '손이나 입'을 가리지 않고 '아랫도리'를 가린 것은 손과 입이 아니라 아랫도리로 범죄한 증거라고 하였다. 그는 사탄과의 성관계로 인해 타락한 인류는 사탄의 피가 흐르게 되었고, 이 피를 거룩한 피로 바꾸는 혈통 복귀를 통해 구원받아야 한다는 '창조, 타락, 복귀의 원리'를 『기독교 근본원리』(1958)에서 방대한 체계로 서술하였다.[3]

1. 문선명의 피가름 교리와 이화여대 혼음 사건

문선명은 1946년 10월에 김백문의 이스라엘 수도원(파주 소재)에서 '기독교 근본원리' 교육 6개월 받으면서, 이를 표절하여 『원리강론』(1966)을 출판한 것으로 알려졌다. 그는 우리말에 '유혹하다, 따먹다'라는 단어가 성관계를 은유하듯이, 사탄의 유혹을 받은 하와가 선악과를 따먹은 것은 뱀의 형상으로 나타난 사탄과 하와가 성관계한 것을 상징적으로 표현한 것이라고 하였다. 이를 근거로 문선명은 영육 이중 타락론과 영육 이중 구원론을 주장하였다. 그는 하와가 사탄의 유혹을 받아 선악과를 따먹었다는 것은 실제로 타락한 천사장 루시퍼가 하와와 성(性)관계를 한 것이며,

---

2 허호익, 『한국의 이단기독교』 개정증보판 (서울: 동연, 2020), 89-158.
3 위의 책, 96-104.

이것이 '영적 타락'이라고 하였다. 불륜한 하와가 아직 미성년인 아담과 성관계를 가짐으로써 인간의 피엔 사탄의 피 즉 원죄가 흐르게 되고 '육적 타락'에 이르렀다는 것이다. 그는 영적으로 타락한 인류는 예수 그리스도의 대속적인 죽음으로 복귀하여 '영적 구원'을 얻었지만, 아담과 하와의 성관계로 인해 인류에게 육적으로 사탄의 피가 흐르게 되었으므로, 성자(聖者)와의 성적 의식(儀式)을 통해서 더러워진 피가 깨끗한 피로 피가름(피갈음)되고 '혈통 복귀'가 되어야 육적 구원이 이루어진다고 하였다. 따라서 혈통 복귀를 통해 '육적 구원'을 이루기 위해 이 땅에 오신 메시아가 문선명이라고 주장한 것이다.[4]

1954년 5월 1일 문선명이 서울 성동구 북학동에서 '세계기독교통일신령협회'를 설립했으나 1년도 못 되어 소위 '이대 사건'이 터졌다. 이 사건으로 통일교를 추종하면서 피가름 교리에 따라 혈대 교환의식을 통해 혼음을 행한 것이 드러나 이화여자대학교 교수 및 강사 5명이 파면되고, 재학생 14명이 퇴학 처분되었으며, 문선명은 구속되었다.[5] 그는 수감 중 첫 번째 아내 최선길과 이혼하였다.

2. 삼일 행사 교리와 통일교의 합동결혼식

1960년 문선명(40세)은 한학자(17세)와 재혼하면서 피가름 교

---

4 위의 책, 108.

5 탁명환, 『기독교이단연구』 (서울: 도서출판연구사, 1989), 132.

리의 혼음 비난을 면하기 위해 소위 '합동결혼식'을 시행하기 시작하였다.6 문선명이 짝지어 준 부부들의 합동결혼식은 '아름다운 결혼 행복한 가정'에 이르는 『축복결혼』의 5단계, 즉 약혼식, 성주식(聖酒式), 축복식(합동축복결혼식), 탕감봉(蕩減棒) 행사, 삼일(三日) 행사로 체계화되었다.7 합동결혼식에 참석한 부부는 약혼식과 문선명이 베푸는 포도주를 함께 나눠 마시는 성주식(聖酒式)과 죄를 탕감받기 위해 매를 3대씩 힘껏 주고받는 탕감봉 행사를 한다.

특히 관심을 끄는 것은 부부가 삼 일간 세 차례의 성교를 통해 성적 타락을 복귀하는 삼일(三日) 행사다. 신혼 첫째 날과 둘째 날은 여성 상위, 마지막 날은 남성 상위로 성관계를 해야 한다는 것이다. 첫째 날은 타락한 아담의 복귀, 둘째 날은 예수님 처지에서의 탕감 복귀, 셋째 날은 복귀된 신랑으로서 신부를 재창조함을 뜻한다는 교리 때문이다. 첫째 날과 둘째 날 여상 상위를 취하는 것은 해와, 즉 아내가 먼저 복귀해 남편을 다시 태어나게 함을 상징한다. 셋째 날의 남성 상위는 남편의 주권성의 회복을 뜻한다는 것이다.

1970년을 전후하여 한국의 주요 교단에서는 통일교를 기독교를 가장한 사이비 · 이단 단체로 규정하였다. 이로 인해 국내 여론이 좋지 않았고, 한국에서의 활동이 여의치 않았다. 이런 상황에

---

6 이대복, "홍난숙 탈출기", 『통일교의 원리비판과 문선명의 정체』 (서울: 큰샘출판사, 1999), 115-133. 이대복은 문선명이 유신희 등 여섯 마리아와 성관계를 맺은 "문선명은 섹스 교주"라고 폭로하였다.

7 황선조 편, 『축복결혼』 (서울: 세계평화통일가정연합, 2005), 111-132.

서 1971년 미국으로 이주한 문선명은 여러 사업을 벌이면서도 종교인으로 행세하다가 탈세 등으로 18개월 감옥에 수감되기도 하였다.[8]

3. 통일교의 생식기 교리

1985년 귀국한 문선명은 통일교 40주년을 맞은 1994년에 정식 명칭을 '세계평화통일가정연합'으로 바꾸었다. 2000년대에 들어와서 통일교 초기의 피가름 교리는 '생식기 주인 찾기 교리'로 바뀌었다. 하와가 하나님이 짝지어 준 생식기 주인인 아담 대신에 사탄이 하와의 생식기 주인 노릇을 했기 때문에 절대 혈통, 절대 사랑, 절대 평화가 깨어졌다는 것이다.

> 인간의 생식기는 지극히 성스러운 곳입니다. 생명의 씨를 심는 생명의 왕궁이요, 사랑의 꽃을 피우는 사랑의 왕궁이요, 혈통의 열매를 맺는 혈통의 왕궁입니다. 이 절대 생식기를 중심삼고 절대 혈통, 절대 사랑, 절대 생명이 창출됩니다. 절대 화합, 절대 통일, 절대 해방, 절대 안식이 벌어집니다.[9]

문선명은 2001년 1월 13일 '하나님 왕권 즉위식'을 거행하였다. 그리고 합동결혼식을 '교차 교체 축복 결혼식'으로 고치고, 육계와 지상계에서 '하나님의 왕권'을 지닌 문선명이 짝지어 준 생식

---

8 "주요교단사이비 결의내용", 「현대종교」(2008. 11.), 51.
9 황선조 편, 『평화훈경- 평화메시지와 영계보고서』(서울: 천주평화연합·세계통일평화가정연합, 2007), 62,

기 주인을 바로 찾아 결혼 축복을 받으면 혈통 복귀가 이루어진다고 가르쳤다. 이러한 축복 결혼을 통해 혈통권, 장자권, 소유권을 회복하고 개인 천국, 가정 천국을 이루게 되면 죄 없는 자녀가 탄생한다고 하였다. 따라서 십자가에 달린 예수도 받지 못한 축복을 받아 원죄, 혈통죄, 연대죄, 자범죄도 없는 축복 가정10이 된다고 주장하였다.11 이 생식기가 천국과 지옥의 경계선이며, 생식기 주인을 바로 찾으면 프리섹스, 근친상간, 스와핑과 같은 성적 범죄를 물리치고 성적 순결의 절대 사랑을 실천할 수 있다고 가르친 것이다.12

문선명이 세운 선문대학교 순결학부 2003년 11월 학술대회 주제가 "당신의 생식기 주인은 누구입니까?"였으며, 도서관의 통일신학 자료실에서 '생식기'를 검색하면 460여 개의 자료를 찾아볼 수 있을 정도이다. 그런데 혼음으로 사회적 물의를 일으켜, 한때 성적으로 가장 문란하다고 지탄받았던 통일교가 이제 와서 성적 순결을 주장한다는 것이 놀라울 따름이다.

4. 문선명 사후 문선명 가족 간의 주도권 싸움

통일교 교리에 따르면 최초의 혈통 전환을 이룬 참부모 문선명과 한학자 사이에 태어난 참자녀들은 원죄, 혈통죄, 연대죄, 자범

---

10 박준철,『빼앗긴 30년 잃어버린 30년-문선명 통일교 집단의 정체를 폭로한다』
(서울: 진리와생명사, 2000), 50.
11 황선조 편,『평화훈경- 평화메시지와 영계보고서』, 147.
12 위의 책, 60-61.

죄도 없는 축복의 자녀들이어야 한다. 그러나 2남 문흥진은 1984년 교통사고로 죽었고, 5남 문영진은 발코니가 무너져 추락해 죽었다고 하나, 자살한 것으로 알려졌다. 장남 문효진은 록 밴드를 만들어 상습적으로 흡연, 마약, 음주운전, 사치와 낭비 외에도 문란한 성생활과 외도를 즐기고 가정 폭력을 일삼았다. 1983년 문효진(19세)과 지명 결혼한 홍난숙(15세)은 결혼 후에 남편의 외도와 가정 폭력을 견디다 못해, 1995년 5명의 자녀와 탈출하여 1997년 이혼 소송을 하여 승소하였다.

2012년 9월 3일 참아버지 문선명이 사망한 후, 참어머니 한학자와 그 측근들이 주도권을 잡기 위해 아들들이 장례식과 추도회에 참석하는 것조차 막았다. 참어머니와 참자녀 사이에 세력 싸움이 일어나 참 가정은 풍비박산이 났다. 문선명 생전에 통일교의 후계자로 지목된 문형진은 2015년 9월 16일 설교를 통해 그의 모친 한학자가 음녀인 이유 네 가지를 제시하면서 "한학자 핏줄은 사탄의 핏줄"이라고 선포할 정도였다.[13]

문선명의 축복 가족이 이처럼 자살과 이혼 등 온갖 범죄를 다 짓고 모자간, 형제간에 이권 다툼으로 서로 정죄하는 것을 보면 삼일 행사를 통해 축복 가족이 된 통일교의 "축복 결혼"의 교리가 허구임이 만천하에 증명된 것이다.

---

13 조민기, "문형진, '한학자는 사탄의 핏줄'", 「현대종교」 (2015. 11.), 13.

III. 구원파 유병언과 오대양 집단 자살 사건 및 세월호 침몰 사건

유병언(1941~2014)[14]은 기독교복음침례회(세칭 구원파)의 창시자인 권신찬의 사위로 구원파에서 목사 안수를 받았으며, 한때 극동방송의 부국장으로 활동하였다. 1978년 삼우트레이딩을 설립, 대표이사로 취임했다. 1982년 10월 유병언은 세모를 설립하여 한강유람선 사업의 승인을 얻었다. 세모가 선박 사업에 주력하는 이유가 "노아의 방주를 만드는 하나님의 사업"을 하기 위함이라는 말도 나돌았다. 이즈음부터 유병언은 1982년 미양코리아와 영진상공사를 인수한 후 이 업체 명의로 계좌를 열어 신자들에게 5억 8,600만 원의 어음을 발행한 후, 1984년 부도를 내는 방식으로 10억 원가량을 사취한 의혹도 받았다.[15] 세모그룹은 사업자금 조달을 위해 1987년 전후로 스쿠알렌을 판매하기 시작했고, 신도들이 다단계 방식으로 "스쿠알렌 약품을 팔고 사업을 의논하는 것이 성도의 교제"[16]라고 가르치며 교인들의 헌금으로 각종 사업을 하는 것을 교리로 합리화하였다.

---

14 이용규, "유병언은 누구인가?", 「현대종교」 (2014. 6.), 28-31.
15 박세열, "일그러진 대한민국 성공 신화, 유병언 세월호 소유주", 「프레시안」 (2014. 4. 23.)
16 정동섭·이영애, 『왜 구원파를 이단이라 하는가?』 (서울: 죠이선교회, 2010), 169.

1. 구원파와 오대양 집단 자살 사건

1987년 8월 29일에 경기도 용인군 남사면 북리의 오대양 공예품 공장 내 식당 천장에서 270여 명으로부터 170여억 원의 사채를 빌리고 잠적했던 오대양 박순자 대표와 가족, 종업원 등 추종자 32명이 집단 자살한 시체로 발견됨으로써 우리 사회에 큰 충격을 안겨 주었다.[17] 경찰 당국은 집단 자살 사건의 경위와 사채의 정확한 규모와 사용처도 밝히지 못한 채, 도주한 오대양 직원 11명을 공개수배하고 사건을 종결했다. 하지만 '오대양 사건의 배후에 5공화국 실세가 있다'는 소문은 무성하게 퍼져나갔다. 한강 유람선 사업 허가나 25억 원 규모의 은행 대출 등은 정권의 도움 없이는 불가능했을 것이며, 전두환 전 대통령이 1984년 유병언이 운영하던 삼우트레이딩의 컴퓨터 모니터 공장을 방문한 적이 있었기 때문에 생겨난 의혹이다.[18]

1988년 13대 국회에서 5공비리특별위원회의 청문회가 열리자, 박순자에게 돈을 빌려준 270여 명에 달하는 채권자 일부가 오대양 사건에 5공 실세들이 관련되었다고 조사를 요구해 국회에서 청문회까지 열렸지만, 새로운 게 밝혀지지는 않았다.

1991년 7월 11일 수배 중이던 오대양 직원 중 6명이 자수하였

---

17 김성동, "[이슈인터뷰] 수사검사가 밝히는 오대양 사건의 진실", 「월간조선」 (2014. 9.)
18 백상현, "[사이비 '유병언 구원파'를 해부한다] (5) 오대양 사건과 구원파", 「국민일보」 (2014. 5. 13.)

는데, 구원파 창시자인 권신찬의 조카를 포함하여 모두 구원파 신도로 알려졌다. 오대양 총무 노순호, 기숙사 가정부 황숙자, 육아원 보모 조재선이 집단 자살 사건 발생 전에 반성의 시간에서 규율을 어겼다는 이유로 오대양 직원들에게 이미 살해된 뒤 암매장되었다는 사실이 이들에 의해 밝혀졌다.

통일민주당 소속 국회의원이었던 박찬종은 1991년 7월 19일 기자회견을 열고 "오대양 사건은 유병언 회장과 그가 이끄는 세모 그룹 및 기독교복음침례회(구원파)와 관련이 있다"라고 밝혔다. 그리고 박순자가 끌어들인 사채가 사채모집총책 송재화를 거쳐 구원파의 실세인 유병언에게 흘러 들어갔다고 주장했다.[19] 유병언은 박찬종이 허위 사실을 공포했다고 7억 7,145만 원을 지급하라는 손해배상 소송을 냈다.

약 3년간의 법정 공방 끝에 1994년 10월 서울민사지법은 구원파 신자였던 김모 씨가 "구원파의 실제 대표는 유 전 회장이며 헌금을 자신의 회사 운영자금에 충당했다"라고 진술한 점과 오대양이 끌어모은 사채 중 일부를 세모그룹 관계자들이 사용한 점을 근거로 들어 "박 변호사의 발언 내용은 대부분 진실에 부합한 사실로 보여지고 일부 증명이 부족하더라도 진실로 믿을 만한 상당성이 인정된다"고 밝혔다. 또한 당시 수사팀 관계자는 "오대양교라는 것은 없고 박순자 씨는 구원파의 대구지부 총책으로 헌금 등을 세모 측에 전달하는 역할을 했다"라고 하였다. 1996년 10월 대법원에

---

19 위의 글.

서 오대양 사건은 구원파 유병언과 관련이 있는 것으로 판결했다.[20]

이 집단 자살 사건의 장본인 오대양 대표 박순자(당시 48세·여)는 대전 D여고를 졸업한 것이 학력의 전부다. 박순자는 1974년 횡격막에 병이 생겨 고통받다가 어떤 이유에서인지 병이 회복되는 일을 겪었다고 한다. 그 후 신학교를 다니다가 여호와의 증인에 입문했고, 다시 기독교복음침례회 소위 구원파 신도가 되었다. 1961년 결혼한 그녀는 충남도청 건설과 공무원인 남편과 모 전직 장관과의 인척 관계를 내세워 사채를 끌어들여 1984년에 공예품 제조회사 '오대양'을 만든 뒤 사업을 시작했다. 이후 대전과 용인 등의 공장을 사들이며 사업을 확장했다. 1986년 4월 일본의 모 전자 부품 생산업체와 합작해 당시로선 대단한 거액인 7억 원을 투자해 전자제품을 만들려고 했으나 실패했다.[21]

박순자는 오대양 사무실과 자신이 세운 학사·육아원·양로원 등의 시설을 '견학' 시키고 전두환 대통령, 도경국장 등으로부터 받은 30여 개의 표창장과 감사장을 내세워 재력이 있는 사회사업가 행사를 했지만, 실제로는 사채업자였다. 채권자들에게 돈을 빌린 다음 월 3~4%의 고리(高利)를 제때 갚음으로써 신용을 쌓은 후 사채를 늘렸다. 오대양 사무직원들은 회사의 통상적 업무보다도 친지들에게서 돈을 빌려 오는 것이 의무였다. 박순자는 "돈을 많이 끌어들이는 사람이 복을 받는다"며, 빌려오는 돈의 액수에 따라 신앙심이 결정된다고 주입했고, "나는 오대양을 지배하는 사

---

20 "유병언 이끈 구원파, 오대양 사건과 관련", 「중앙일보」 (2014. 4. 24.)
21 "오대양 집단 자살사건", https://namu.wiki/w/오대양%20집단%20자살사건

람으로 앞으로 전 세계를 주관하게 될 것"이라고 신도인 사원들에게 입버릇처럼 말했다고 한다.[22]

박순자는 교주처럼 행세하면서 "이곳은 축복받은 땅 젖과 꿀이 흐르는 이곳은 평화 깃든 땅 바로 오대양"이라는 노래를 지어 원생과 종사자들에게 부르게 했다. 오대양을 천국으로 세뇌시킨 교육 때문에 회사를 그만둔 이들도 "우리의 유일한 부모는 박 사장이며 오대양은 곧 지상 천국"이라고 말할 정도였다.[23]

신도와 그 자녀를 모아 집단으로 생활하게 했고, 그 과정에서 신도들의 사생활을 통제했다. 부부에게는 각방을 쓰게 하고 금욕 생활을 강요하며 외출도 제한했다. 그리고 매월 한 번씩 '반성의 시간'을 통해 한 달 동안 자신이 어떻게 살았는지 모든 사람이 보는 앞에서 실토하고, 규율을 어겼음이 드러나면 벌이라는 명목으로 가차 없이 집단구타를 가하였다고 한다. 일례로 딸이 어머니가 잘못한 것을 처벌한다면서 어머니를 두들겨 패고, 어머니는 이것을 감사해하는 황당한 일까지 있었다고 한다.[24]

이러한 사례들은 이단 사이비의 전형적인 행태라고 볼 수 있다. 오대양에 속한 추종자들은 집단적 세뇌와 강압적 통제와 맹종의 강요로 학습되었기에 박순자의 명에 따라 집단 자살도 가능했던 것으로 추정된다.

---

22 "오대양 교주 박순자는 누구인가",「한국일보」(1991. 7. 11.)
23 서영석, "오대양과 사이비종교 만들어낸 박순자",「MBC 뉴스데스크」(1987. 8. 30.)
24 "오대양 집단 자살사건" https://namu.wiki/w/오대양%20집단%20자살사건

2. '세월호 침몰 사건의 원인 제공자'로 판결된 유병언

2014년 4월 16일 오전 8시 50분경 전라남도 진도군 조도면 부근 해상에서 여객선 세월호가 전복 침몰하여 476명의 승선 인원 중 시신 미수습자 5명을 포함한 304명이 사망하였다. 세월호 침몰 사고를 수사하는 과정에서, 합동수사본부는 4월 26일 유병언(73) 전 세모그룹 회장이 청해진해운 김한식 대표(72)에게 세월호의 도입과 증축, 매각 계획 등을 직접 보고받은 뒤 업무를 지시한 사실을 확인했다고 밝혔다. 청해진해운 주식 10%를 차명으로 보유한 유병언은 청해진해운 조직도에 '회장'이라는 직함으로 기재되어 있었으며, 매월 1,000만 원의 급여와 자문료를 지급 받아 경영에 관여한 정황도 보도되었다.[25]

수사 과정에서 유병언 회장의 승인을 받아 2012년 일본에서 115억 원을 주고 세월호를 들여온 후, 2012년 10월 세월호를 담보로 산업은행에서 개보수 자금 30억 원 등 100억 원의 차입금을 받았다는 것으로 조사되었다. 이 중 상당한 금액을 세월호 증축 수리에 사용하여 선체의 전체 톤수를 239톤 확충하였고, 탑승 가능 정원도 116명으로 늘었으며, 세월호 수리 과정에서 유병언은 설계를 바꿔 선미를 증축해 5층에 가로 21m, 세로 40m 규모의 사진 전시실과 선주실을 꾸몄고, 모든 인테리어는 유병언의 딸이 운영하는 '모래알디자인'이 맡았다고 한다. 무리한 개조와 증축으

---

25 "청해진해운, 유병언 전 회장에 급여 지급 드러나", 「이투데이」 (2014. 5. 9.)

로 세월호의 맨 위쪽 무게가 187톤 늘어났고, 무게중심이 51cm 올라가면서 복원성 문제로 인해 화물을 많이 실을 수 없음을 확인한 청해진해운 김한식 대표는 2013년 1월 유병언 회장에게 세월호 매각 계획을 보고하였다. 그러나 세월호는 그대로 위험한 항해를 계속한 것으로 조사되었다. 김 대표가 "무조건 화물을 많이 실어 운임 수익을 최대한 올리라"고 지시한 것도 밝혀져, 검찰은 청해진해운 김 대표를 포함한 임원 5명을 업무상 과실치사상과 선박안전법 위반 등의 혐의로 구속 기소했다.[26]

청해진해운은 세월호의 출항 전 운항관리자에게 차량 150대, 화물 675톤을 실었다고 보고했으나, 사고 이후 조사 결과 실제로는 차량 180대, 화물 1,157톤이 실린 것으로 보도되었다.[27] 그리고 청해진해운 직원과 세월호 선원 90%가 구원파 신도였으며, 세월호 선원들이 침몰사고 직전 자신들만 아는 통로를 이용해 배에서 탈출했다는 정황도 보도되었다.[28]

검찰은 유병언과 그의 장남 유대균을 소환하여 조사하려고 하였으나, 이들은 세 차례의 출석 요구에도 응하지 않고 잠적하였다. 이에 '세월호 실소유주 비리'를 수사했던 인천지검 특별수사팀은 수백억 원대 횡령·배임 및 조세 포탈 의혹을 받던 유병언과 그의 장남 유대균에 대한 구속영장을 발부받아 대한민국 형사범

---

26 "유병언, 세월호 도입·증축 모두 관여… 복원성 상실도 보고 받았다", 「경향신문」 (2014. 5. 26.)
27 "총체적 '인재'의 결정판 세월호", 「머니투데이」 (2014. 4. 22.)
28 "구원파 미스터리 "세월호 선장 등 청해진해운 직원 90%가 신도", 「아시아경제」 (2016. 9. 28.)

사상 최고 액수인 6억 원(유병언 5억, 유대균 1억)의 현상금을 내걸었다. 2014년 6월 12일 전남 순천 별장 근처에서 변사체가 발견되었고, 7월 21일 경찰은 도피 중이던 유병언의 시신이라고 밝혔다. 자살이냐 타살이냐 세간의 논란이 있었으나, 유병언의 사망으로 해당 사건은 공소권 없음과 불기소 결정으로 수사가 종결되었다.

2015년 말 정부는 세월호 사고 원인이 선사인 청해진해운과 소유주인 고 유병언 회장에게 있다며 4천2백억 원을 청구하는 소송을 냈다. 4년여 만인 2020년 1월 17일 재판부는 유병언이 '세월호 침몰사고의 원인을 제공한 자'에 해당한다고 판단하였다. 법원은 세월호 수색을 위한 유류비, 피해자 배상금, 장례비, 치료비 등 3천 7백여억 원을 구상권 청구 범위로 보고, 이 중 유병언의 책임을 70%로 판단하였고, 사망한 유병언의 자녀들에게는 1천7백억 원을 배상하라고 판결했다.[29] 유병언의 차남 유혁기는 미국으로 도피하였다가 2020년 7월 23일 미국 자택에서 체포되었다. 구원파 측에서는 그동안 유병언이 세월호의 실소유주가 아니라고 주장하였으나, 법원은 유병언이 '세월호 침몰사고의 원인을 제공한 자'로 70%의 구상금을 배상해야 한다고 최종 판결한 것이다.

문선명의 통일교와 박태선의 신앙촌처럼 구원파의 유병언은 헌금으로 영리사업을 하는 것을 교리로 합리화하였고,[30] 그 과정에서 오대양 집단 자살과 세월호 침몰 사건과 같은 대량 인명 피해 사건이 일어난 것이다.

---

29 임영찬, "유병언, 세월호 참사 70% 책임 … 1,700억 지급해야", (2020. 1. 17.)
30 허호익, 『이단은 왜 이단인가』(서울: 동연, 2016), 156-158.

IV. 다미선교회 이장림의 휴거 불발 및 사기 사건

다미선교회의 이장림 등이 1992년 10월 28일에 세계가 종말하면서 휴거(携擧), 즉 예수가 세상에 왔을 때 신도들이 하늘로 올라갈 것이라고 주장하였으나 그들이 주장한 그해 10월 28일에 아무런 일이 일어나지 않아 엄청난 사회적 물의를 일으켰다.

1. 다미선교회와 영계를 보는 아이들

개신교의 한 출판사(생명의말씀사)에서 번역 일을 하던 이장림은 1987년 5월 고등학교 2학년생인 김현진을 만난다. 김현진이 환상을 보고 계시를 받기 시작한 것은 그해 2월 27일부터인데, 1992년 5월 9일 북한에 가서 9월 26일 순교할 것이라는 메시지를 받았다고 한다.[31] 이장림은 김현진 외에 비슷한 계시를 받은 고등학생 하방익 군과 권미나 양 등을 만나 다미선교회를 설립하고, 그해 6월에 『다가올 미래를 대비하라』를 출판하였다. 이장림은 이 책에서 노스트라다무스의 예언과 요한계시록을 혼합하여 1999년 예수 그리스도의 지상 강림이 있을 것이며, 그 전에 7년 대환란이 시작되고 7년 대환란 직전에 그리스도인들을 먼저 구하기 위해 그리스도께서 1992~1993년에 공중 강림하고 신실한 신자들이 휴거한다고 주장하였다.

---

31 이장림, 『다가올 미래를 대비하라』(서울: 그루터기, 1987). 13, 27.

노스트라다무스의 예언 적중률은 99%에 가깝다. 그가 예언한 1999년 7월 '공포의 대왕'이 온다면 인류 파멸의 시작은 그보다 7년 전에 1992~1993년경이 될 것이다. … 그때 휴거가 발생하여 세계 도처에서 10억 명 정도의 인구가 증발할 것이다.[32]

이장림이 이런 주장을 하는 것은 특별 계시를 통해 영계의 비밀을 알게 되었기 때문이라고 하였다. 특이하게도 그는 기독교 역사상 여러 번 나타났다가 사라진 다른 시한부 종말론자들과 달리, 자신이 이러한 직통 계시를 직접 받은 것이 아니라, "영계를 보는 아이들"을 통해 다가올 미래와 휴거가 알려졌다고 한다. "듣지도 보지도 못한 아이들을 교묘하게 연결시켜 그들이 보는 영계(靈界)의 비밀을 밝히라는 특명이 내게 주어진 것"이라고 하였다. 그리고 그는 "영계를 보는 아이들의 엄청난 천국 정보, 매일 내려오는 하늘의 지시 등등, 이루 말할 수 없는 하늘의 묵시(黙示)"와 "인간의 상식으로 이해되지 않는 초상세계(超常世界)의 비밀"을 세상에 알리는 것이 쉽지 않다고 하였다.

이장림은 1987년 여름 다섯 명의 고등학생이 기도하다가 똑같은 시간에 환상을 보고 계시를 받아 의형제를 맺었다고 한다. 그들은 기도 중에 불 칼을 든 천사가 나타나 "하나님이 나타나 그들에게 음악 선교단이 되어 7년 대환란 때 전 3년 반까지 음악 선교를 하다가 다른 사명자와 함께 하늘로 올라가게 된다"는 말씀을

---

32 위의 책, 236.

한 것을 들었다고 한다. 그는 천사가 그들에게 부름 받은 몸이라는 뜻의 '셀라'라는 이름을 주었으며, 그들이 태어나기 전에 이미 예비된 셀라단 아이들이 기도하다가 "마지막 시대를 위한 하나님의 시간이 1988년 8월 7일부터 시작된다고 선명하게 쓴 글씨를 환상으로 보았다"고 한다. 그리고 그들이 3~4년 후부터 3년 반 동안 사역을 하다가 하늘로 올라가게 된다고 천사가 말했다는 것이다.[33]

이장림에 의하면 대구의 6학년 소녀는 1986년부터 영계를 알게 되었는데, "18세에 부흥사가 되어 복음을 전하다가 순교하는 장면을 보여주셨다"고 하는데, 그 소녀가 18세가 되는 해가 바로 1992년이라는 것이다. 그 외에도 "예수의 지상 재림 3일 전까지 남아 있다가 단두대에서 순교한다고 하나님이 일러주신" 서울 종로구 숭인동 92번 종점에 사는 6학년 소년과 영서(靈書)를 받은 것을 해독하는 영계를 본다는 아이 등 계시를 받은 이들이 주로 청소년들이었다.

이장림은 "무엇 때문에 하나님은 이런 어린아이들을 통해서 역사하고 계실까?"라는 질문에 대해, 어른들의 마음은 대부분 깨끗하지 못하기 때문이라고 하며, "어른들도 아이들처럼 마음이 깨끗하고 순수하기만 한다면 영안(靈眼)이 열려 영적 세계를 볼 수 있다"고 하였다.[34]

사실 이장림 본인은 휴거가 모일 모시에 올 것이라고 딱 잡아서

---

33 이장림, 『하늘문이 열린다- 다가올 미래를 대비하라 II』 (서울: 그루터기, 1987), 15-22.
34 위의 책, 23-31.

말한 적이 없었다. 그 '때와 시기'(살전 5:1)를 자의적으로 '날짜와 시간'35으로 해석하고, 휴거의 '날짜와 시간'은 알 수 없지만 '그해' 는 알 수 있는데 그해가 바로 1992~1993년경이라고 주장하였다.36 휴거가 1992년 10월 28일 24시에 일어난다고, 그 날짜와 시간을 주장한 것은 다미선교회 소속의 고등학생 신자였던 하방익 등이 계시를 받아 알게 된 것이라고 하였다. 1988년 8월 7일부터 카운트다운이 되어서 3년 반이 지난 1992년 10월 28일 24시에 휴거가 일어난다고 주장한 것이다.

이장림이 노스트라다무스의 예언과 청소년들의 환상과 직통계시를 맹신하는 것은 성경의 권위를 부정하는 성경론적 이단과 계시론적 이단의 전형이다.37

2. 휴거 불발과 이장림의 사기 사건

이러한 시한부 종말론에 빠진 이들이 학업이나 생업을 그만두거나, 가출, 이혼하거나, 부모들이 다미선교회 활동을 금지하자 자살을 하는 사례도 있었다. 1991년 1월에 전라남도 강진군에서는 여고생이 부모가 종말론 교회에 나가지 못하게 했다는 이유로 음독자살을 하기도 했다. 재산을 교회에 바치는 일이 허다하게 일어났다.

---

35 때와 시기의 원어는 그리스어로 *kronos*와 *kairos*이다.
36 위의 책, 42-43, 91-92.
37 허호익, 『한국의 이단기독교』, 35-36.

그런데 다미선교회가 주장한 휴거 날짜 한 달 전인, 9월 24일에 이장림을 사기 및 외환관리법 위반 혐의로 구속되었다. 수표 1억 9,300만, 환매채 3억, 2만 6,700달러를 압수당하였다. 또한 검찰은 이장림이 신도 4명으로부터 6억 5천만 원을 갈취하였으며, 개인적으로 34억 원을 사용한 장부를 입수하였다고 보도되었다. 그뿐 아니라 천만 원 이상을 헌납한 신도가 30여 명에 이르렀고, 그중 일부는 10월 28일까지의 생활비를 뺀 전 재산까지 헌납했다고 한다. 신도들은 자발적으로 헌납했다고 주장했지만 이장림이 1993년 5월 22일에 만기되는 환매채를 사들인 것이 확인되어 검찰은 사기로 판단한 것이다.[38]

휴거 소동이 불발로 끝난 뒤 경찰은 신도들이 헌납한 재산을 반환하라고 요구할 것이라고 보고, 그해 10월 29일 전국의 종말론 교회 주변에 '종말론피해신고센터'까지 설치하고 피해사례를 접수하였다. 경찰이 확인한 시한부 휴거론의 피해는 100여 건에 달했던 것으로 보도되었다.[39]

다미선교회의 해외선교부장이었던 장만호는 서울구치소에 수감된 이장림을 면회한 뒤 1992년 11월 2일 대국민 사과 성명을 통해 시한부종말론을 더 이상 전파하지 않을 것이며, 신도들의 헌금반환 신청을 11월 10일까지 받을 것이며, 신도들은 기성 교단으로 복귀할 것을 내용으로 해체를 선언하였다. 당시 신도 수는 약 8천 명 정도이고, 보관한 헌금 액수가 25억이나 되었다고 한다.[40]

---

38 "시한부종말론의 빗나간 사례," 「MBC 뉴스」, (1992. 10. 27.)
39 위의 글.

1992년 12월 4일 서울형사지방법원은 이장림에게 사기죄로 징역 2년을 선고하였다.[41] 항소심에서는 징역 1년과 26,000달러의 몰수형을 선고하였다. 휴거 교리를 빌미로 사회적 혼란을 일으키고 교인들의 헌금을 갈취한 것이 수감의 빌미가 된 것이다. 이처럼 휴거론이나 시한부 종말론[42]을 주장한 역사적 사례는 무수하지만, 모두가 거짓으로 드러났다는 사실은 휴거나 시한부 종말에 관한 교리 자체가 혹세무민의 사회적 역기능을 가지고 있기 때문이다.

V. 애천교회(JMS) 정명석의 애인 교리와 성폭행 사건

1945년 충남 금산에서 태어난 정명석은 초등학교를 졸업하고 바로 김천 용문산 기도원에 들어가 세상을 등지고 약 20년 동안 지내면서 자기 나름대로 하나님으로부터 특별한 사명을 받았다고 한다. 나이 마흔 정도에 산에서 내려와 찾아간 곳이 고향의 통일교였고, 얼마 후 그는 통일교 기관인 국제승공연합 강사 요원으로 2년 정도 활동했다. 1975년에는 통일교 창시자 문선명의 사명은 끝났고 자신의 사명이 시작됐다고 공언하며, 1980년 2월 서울에 '애천선교회'를 조직하여 자신을 선생님으로 칭하며 주로 청년층

---

40 "다미선교회 '헌금반환'/어제 해체선언,"「한국일보」(1992. 11. 03.)
41 "이장림 씨 항소,"「국민일보」(1992. 12. 14.)
42 허호익,『이단은 왜 이단인가』, 144-148.

과 대학생들을 포교 대상으로 활동하며 교세를 확장했다. 1982년
에는 '대한예수교장로회 애천교회'란 이름으로 활동하다가, 세계
청년대학생 JMS연맹, 동서 크리스찬연합, 국제크리스찬연합 등
의 이름으로 변경하였고, 현재는 기독교복음선교회란 명칭을 공
식 단체명으로 사용한다.

1. 애천교회 애인 교리의 성적 모티브

정명석의 주요 교리는 통일교 문선명의 아류인 것으로 보인다.
정명석이 자신의 교리를 나열한 『30개론 강의안』(2002) 중 '27 타
락론'을 보면 통일교의 『원리강론』에 나오는 피가름 교리를 모방
한 것임을 알 수 있다.

선악과는 하와이다. 나무 열매는 번식을 의미한다. 이는 곧 하와의 생식기
이다. 먼저 사단의 상징인 뱀이 하와를 범함으로 사단의 피를 전했고(영
적 타락: 하와와 천사 뱀과의 불륜의 타락을 말함) 하와는 아담과 성행위
를 함으로써(육적 타락: 하와가 타락 후 아담과 부부관계를 맺음으로) 사
단의 피를 전했다. 그리하여 아담과 이브는 하나님의 선의 혈통을 번식시
키지 못하고 사단의 악의 혈통을 번식시켰다. 인간의 더러운 피를 깨끗이
하는 데는 피가름이 필요하다. 예수께서는 영혼만 구원하셨기에 육신을
구원할 재림주가 다시 오신다.

정명석의 애천교회의 황당한 교리는 성부와 성신의 관계를 '영

적 부부 관계'라고 주장한 점이다. 성부-성자-성신에 가족 관계를 대입시켜 아버지가 성부, 어머니가 성신, 아들이 성자라고 하였다. 그런데 성자 예수는 성부 아버지와 성신 어머니의 영적 부부 관계로 태어났다는 기괴한 삼위일체론을 주장한다. 성서에는 성부나 성령은 성을 초월한 존재이다. 따라서 삼위를 가족 관계로 묘사하는 것은 정통 교회의 삼위일체를 심각하게 왜곡하는 주장이 아닐 수 없다.

정명석의 또 다른 황당한 교리에 의하면, 성약 시대는 하나님과 인간이 '애인 관계'가 되는 '애인 시대'라는 주장이다. 문선명은 구약 시대와 신약 시대와 성약 시대를 구분하였는데, 정명석은 이 삼시대론을 세 가지 관계론으로 확장시켰다. 구약 시대는 여호와 하나님과 인간이 주종관계이고, 신약 시대는 부자(아버지와 아들) 관계이며, 구약과 신약의 약속이 이루어지는 성약(成約) 시대가 도래한 현 시대는 새섭리 시대, 애인 시대, 신부 시대로 칭할 수 있다는 주장이다.

마태복음 9장 14-17절에서 예수님은 신약시대 때 하나님의 아들로 오셔서 자신의 입장이 마치 혼인집 신랑과 같음을 말씀하셨고, 요한복음 3장 29절에서 세례요한은 예수님을 들어 신랑이라고 말하였으며, 그를 맞는 자들은 신부들이라 칭했다. 메시아로 오는 자는 종교적으로 볼 때 신랑이며 기다리는 자들은 신부라고, 종교적으로 밀접한 관계로써 비유하고 있다. 그러므로 지상의 이상세계, 곧 지상 천국이 주님의 재림으로 이루어질 때 주님과 우리의 종교적 친분 관계는 애인적 관계, 신랑과 신부의 시대가 됨으로써 지상 천국 시대를 신부시대, 애인 시대로 부를 수 있으며 재림으로 말미암은 주님의 새섭리 시대 천년은 애인 시대, 신부 시대로 칭할 수 있을 것이다. 종에서 아들, 아들에서 애인으로 회복되고 복귀됨을 완전 회복이라 한다면 종으로서는 더 이상의 회복이 없을 것이다.[43]

성경에 하나님과 인간과의 관계를 '애인 관계'라고 한 곳은 없다. 그러나 '신부'라는 표현은 등장하지만 이는 하나님과 이스라엘의 관계, 예수와 교회의 관계를 표현할 때 상징적으로 사용한 것이다(사 62:4; 요 3:29; 계 21:2, 9). 정명석의 '애인 시대' 교리는 육신을 쓴 재림주와 애인 관계가 돼야 한다는 성적 모티브가 필연적으로 함축되어 있다. 여기서 말하는 애인 관계는 '영으로만 통하는 것이 아니라 육으로도 통하는 성적 관계'을 의미하는 것으로 보인다. 정명석은 초기부터 모델학원을 세워 미모의 모델 지망 젊은 여성들을 집중적으로 포섭한 것으로 알려져 있다.

2. 정명석의 국내 성폭행 사건

정명석 역시 문선명처럼 자신을 육신을 구원하기 위해 이 땅에 온 재림 예수로 주장한다. 정명석은 "신약 때 하나님은 예수님의 육신을 쓰고 나타나셨고, 성약 때 예수님은 땅의 재림주의 육신을 쓰고 나타나신다"[44]고 하였다. 예수가 육신으로 다시 오시는 것이

---

43 정명석, 『비유론』 (서울: 도서출판 명, 1998), 21.
44 정명석, 『구원의 말씀』 I (서울: 도서출판 명, 2005), 191-192.

아니고 기독교인 가운데서 시대적 중심 인물을 선택하여 그에게 예수가 영으로 재림하여 협조하므로, 재림 예수의 사명을 다하게 하신다고 주장한다. 예수는 결혼하지 않고 육신으로 번식하지 않았기 때문에, 선의 자식을 번식하지 못했다. 그래서 재림주는 육적 구원을 위해 오셔야 한다는 것이다. 정명석 단체는 스스로 JMS라고 하는데 정명석 영문 첫 자를 의미하는 동시에 Jesus Christ Messiah Savior 혹은 Jesus Morning Star 등 예수가 메시아라는 의미를 담고 있다. 예수가 영으로 재림한 이가 정명석이라는 뜻이기도 하다.

실제로 정명석에게 성폭력을 당한 피해 여성들을 성폭력이 있기 전 내부 선배들에게 사전 교육을 받았다고 주장했다. 피해자들은 "(선생님이) 만지거나 해도 놀라지 말라는 교육을 받았다. (정명석은) '메시아'이기 때문에 몸을 만져도 이상이 없다는 이야기를 들었다", "선생님이 몸을 만지는 것은 건강 검진이다", "선생님이 신체에 손을 대도 놀라지 말라. 그걸 통해 병을 알기도 한다는 식의 교육을 받았다"고 했다.[45]

1990년대 초부터 정명석의 여성 문제가 내부에서도 논란이 되기 시작하였고, 급기야 정명석 단체에서 탈퇴한 신도들의 고소로 인해 검찰의 조사가 시작되자, 2001년부터 7년간 외국에서 도피 생활을 하였다. 2001년부터 2006년까지 말레이시아와 홍콩 등에서 한국인 여신도 5명을 성폭행한 혐의로 구속 기소됐고, 2009

---

45 이용필, "정명석은 메시아, 그가 몸 만지는 건 '건강검진'," 「뉴스엔조이」 (2019. 3. 28.)

년 4월 23일 대법원은 정명석에게 징역 10년 형을 구형받고 복역
하다가 형기를 마친 후 2018년 2월 18일 출소하였다.

애천교회의 왜곡된 애인 교리 자체가 성적 모티브를 지니고 있
었기 때문에 정명석과 여성 신도 사이의 성적 문란과 일방적인 성
폭행이 자연스럽게 일어날 수 있었다고 볼 수 있다. 그 결과 국내
외에서 다수의 성폭력 피해자의 폭로로 사회적 물의를 일으켜 중
국으로 도피한 정명석이 체포되고 10년 형을 받은 것이다.

VI. 영세교 최태민과 그의 딸 최순실의 국정 농단과 박근혜 대통령 파면 사건

박근혜 대통령은 2016년 10월 25일 사과문을 통해 "최순실 씨
는 과거 제가 어려움을 겪을 때 도와준 인연으로 지난 대선 때 주
로 연설이나 홍보 등의 분야에서 저의 선거운동이 국민에게 어떻
게 전달됐는지에 대해 개인적인 의견이나 소감을 전달해주는 역
할을 하였다"라고 밝혔다. 국민의당 박지원 위원장은 최순실이 만
든 '미르재단'의 명칭은 '미륵'(彌勒)과 관련이 있으며, "최순실 씨
의 선친인 최태민 씨가 스스로 미륵이라 했다"고 밝혔다. 그는 "지
금 상황은 박근혜 대통령이 최태민과 최순실의 '사교'(邪教)에 씌
어 이런 일을 했다고 볼 수밖에 없다"고 주장했다.46 박 전 대통령

---

46 "미르+K='미륵' … 박 대통령, 최태민·최순실 사교(私教) 씌여,"「노컷뉴스」
(2016. 10. 26.)

이 지난 40년 동안 영세교 교주 최태민과 그의 딸 최순실을 절대 신뢰하여 온 배경에는 이러한 '사교적(邪敎的) 예속 관계'가 있지 않은가 하는 여러 의문이 제기되었다.

1. 영세교 최태민에 대한 박근혜의 영적 의존의 특수 관계

최태민(1912~1994)은 일제 말기 황해도경의 순사였다가 해방 뒤 강원도, 대전, 인천에서 경찰로 복무했다. 그 후 육군과 해병대에서 '비공식 문관'으로 일한 후, 1951년 대한비누공업협회 이사장, 대한행정신문사 부사장 등을 지냈다. 1965년엔 천일창고라는 회사의 회장으로 있다가 유가증권 위조 혐의로 서울지검이 그를 입건하자 도피했다.

1973년 5월 13일 자 「대전일보」 4면에 최태민은 '영세계(靈世界)에서 알리는 말씀'이라는 광고를 실었는데, 칙사란 표현은 세 번 나온다. 최태민은 이른바 '영세계(靈世界) 교리'를 전하는 '칙사'(勅使)인 '영적 메신저'로 자처한 것이다. 칙사 최태민이 말하는 영세계 교리란 불교에서의 깨침, 기독교에서의 성령 강림, 천도교에서의 인내천을 조화시킨 영혼합일법이었다.[47] 종교혼합적인 사이비 종교의 전형적인 특성이 그대로 드러난다.

최태민은 1973년 7월 대전시 선화1동 동사무소 앞으로 숙소를 옮기고 '영세교 칙사관'이라는 간판을 내걸었다. 색색의 등

---

47 "이름 7개, 부인 6명, 승려 목사 '최태민 미스터리'," 「한겨레」 (2012. 7. 17.)

근 원을 벽에 그려 놓고, 병을 고치기 위해 찾아오는 사람들에게 '나무자비조화불'이란 주문을 외우며 그 원을 집중적으로 응시하면 병이 낫는다고 하였다.[48] 그의 치료 방법은 일종의 최면술에 가까웠다고 한다. 그의 사촌 최용석의 증언을 따르면 "최태민이 실제로 '사람의 마음을 사로잡는 능력', 즉 '최면술'에 능했다"고 증언한 바 있다.[49]

1973년 11월 최태민은 활동 무대를 서울 서대문구 대현동 대현빌딩 3층으로 옮긴다. 바로 이화여대 앞인 이곳에서 '영세교'라는 간판을 내걸었다. 16평 정도 크기의 영세교 본부에 그의 신통력을 추종하는 신도들이 몰려들자, 1974년 5월에는 동대문구로, 그해 8월에는 다시 북아현동으로 본부를 옮겼다. 이때 추종자가 한 300여 명 정도였다고 한다.[50]

최태민이 대전에서 서울로 옮겨온 다음 해인 1974년 8월 15일 광복절 기념식장에서 재일 한국인 문세광에 의해 육영수가 피살되는 사건이 일어났다. 박근혜의 충격은 이루 말할 수 없었다. 그녀는 어머니가 "돌아가신 후 방바닥을 긁으며 얼마나 서러워했던지 손톱이 다 닳을 지경"[51]이었다고 회고하였다. 이즈음 최태민은 영세교 교주로서 영혼합일법(일종의 최면술) 등을 통해 사이비종교 행각을 하다가, 1975년 2월 말경 박근혜에게 3차에 걸쳐 꿈에 '육

---

48 "박근혜-최태민 20년 커넥션," 「월간 중앙」 (1993. 11.), 210.
49 "사이비교주 최태민 최면술로 박근혜 홀렸다," 「고발뉴스」 (2016. 10. 28.)
50 "박근혜-최태민 20년 커넥션," 211.
51 위의 글, 197.

여사가 나타나 근혜를 도와주라'는 현몽이 있었다는 내용의 서신을 발송하였다.[52]

어머니 사후 박근혜는 유명한 목사, 스님, 수녀들을 청와대에 초청한 후, 그들에게 "남한테 그토록 존경받았던 어머니가 왜 그렇게 돌아가셔야 하느냐"라고 물었다. 초청을 받은 종교인들은 '좋은 일을 많이 했으니 좋은 곳을 갔을 것'이라고 했다.[53] 이러한 한결같은 대답은 박근혜에게는 위로가 되지 못했다. 박근혜는 어머니의 죽음 후가 궁금한 게 아니라, 죽은 이유가 궁금하였기 때문이었다.

그런데 최태민은 서신을 통해 박근혜로 하여금 '어머니 대신 국모의 역할'을 하다가 '아시아의 지도자'가 되도록 하기 위해 '미리 자리를 비켜 준 것'이라고, 어머니 육영수의 죽음의 의미를 부여한 것이다.[54] 최태민의 이러한 서신의 내용은 정곡을 찔러 주었고 큰 위로가 되었으므로, 박근혜는 그를 청와대로 초청하였다. 최태민은 박근혜를 만난 자리에서 자신이 현몽을 통해 육영수를 직접 만났고, "육영수 여사가 나에게 빙의되어 '딸을 도와 달라'고 했다"[55]는 충격적인 사실을 전한다. 이 이야기를 듣고 박근혜가 놀라 기절했다고 한다.

이 충격적인 사건을 통해 박근혜는 어머니의 죽음의 이유와 함

52 "79년 중앙정보부 보고서 '최태민 비리 자료' 최초 공개," 「서울의소리」 (2012. 8. 19.)
53 "박근혜-최태민 20년 커넥션," 198.
54 위의 글.
55 "박근혜 대통령, 최태민이 육영수 여사 빙의하자 입신하더라," 「중앙일보」 (2016. 10. 31.)

께 자신의 미래에 대한 새로운 꿈과 희망을 발견하고 어머니를 먼저 보낸 슬픔과 고통에서 벗어날 수 있게 된 것이다. 23세의 세상 물정을 몰랐던 박근혜에게는 최태민이 구세주와 같았을 것이며, 이때부터 최태민에게 대한 종교적 절대 신뢰와 영적 의존 관계가 형성되었고, 이러한 특수 관계는 그의 딸 최순실에게로 이어졌다.

2. 대한구국선교단 명예총재 박근혜와 총재 최태민의 비리

1975년 최태민 교주는 '영세교'의 간판을 내리고 목사로 등장한다. 최태민은 자신이 교주로 있는 영세교의 교세로서는 박근혜에게 정치적 영향력을 끼칠 수 없다고 생각하고, 기독교의 교세를 이용할 의도로 목사가 되었으며, 돈을 주고 목사직을 샀다는 것이 교계의 중론이다.[56] 최태민은 1975년 4월 29일 기독교인들의 반공정신과 그 동원력을 이용하기 위해 "기독교반공운동을 위해 승공(勝共) 정신을 함양한다는 목적"으로 대한구국선교단을 발족하고 자신이 총재에 취임한다. 최태민은 박근혜에게 대한구국선교단이 나중에 큰일을 하기 위해 필요한 조직이라 설득하였다. 그는 전국의 동 단위까지 조직을 확대해 최대 300만 명의 단원을 확보할 계획이라고 하였다.[57]

박근혜가 참석한다는 빌미로 최태민은 당시 주요 교단 대표들

---

56 "'최태민, 목사 아니다' 한국교회언론회 논평, '목사' 호칭 중지 촉구," 「문화뉴스」 (2016. 10. 25.)
57 "박근혜-최태민 20년 커넥션," 199.

을 설득하여 2,000명의 기독교인을 동원하여 1975년 5월 11일 오후 3시 임진강변에서 구국기도회를 개최하였다. 말이 기도회이지 실제로는 '반공과 안보'를 전면에 세운 궐기대회였다. 그 자리에 참석한 박근혜가 명예 총재로 추대되었다.[58] 23세의 박근혜는 이 집회에서 난생처음으로 대중들의 열렬한 환영을 받았다. 1975년 6월 21일에는 배재고등학교에서 '대한구국십자군' 창군식을 거행하였다. 박근혜 명예총재가 격려사를 하였다. 최태민은 '구국과 멸공'을 위해 구국십자군을 창설하여 목회자 100여 명을 초청하여 전방 사단에서 2박 3일 특수군사훈련을 시행하며 숙식을 제공한다고 발표했다.[59] 전기영은 최태민이 "돈이 정말 많았다"며 "목사들에게 10만 원씩(1970년대 당시) 주는 일은 예사"였다고 한다. 그는 최태민이 "자신에게도 당시 아파트 한 채 값보다 많은 6백만 원을 준 적이 있다"고 증언했다.[60]

1976년에는 대한구국선교단은 '구국봉사단'으로 이름을 바꾼다. 이즈음 최태민과 관련하여 각종 이권 개입, 횡령, 사기, 융자 알선 등 권력형 비리와 여러 여성과 스캔들에 관한 의혹이 쏟아져 나왔기 때문이다.[61] 정보 당국에서도 문제의 심각성을 느끼고 이를 박정희 대통령에게 보고하였다. 정부에 보관 중인 한 수사기록

---

58 1976년 12월 10일에는 '구국봉사단'으로, 1979년 5월 1일에는 '새마음봉사단'으로 각각 개명되었다.

59 "기독교구국십자군 창설하기로," 「경향신문」 (1975. 5. 21.)

60 "최태민의 대한구국선교단 창설은 박정희 지시, 민주화 세력에 대응하려고 만들었다," 「CBS노컷뉴스」 (2016. 10. 29.)

61 "이름 7개, 부인 6명, 승려 목사 '최태민 미스터리'," 「한겨레」 (2012. 7. 17.)

에는 최태민에 대해 다음과 같이 적고 있다.

1975년 4월 29일 박근혜의 후원으로 자신의 심복 및 사이비 종교인을 중심으로 대한구국선교단을 만들고 최태민을 총재, 박근혜를 명예총재로 하여 구국 선교를 빙자해 매사에 박근혜의 명의를 팔아서 이권 개입 및 불투명한 거액금품 징수로 이권단체화하면서 치부한 자.[62]

청와대 공보비서관이었던 선우련의 비망록에 의하면 1977년 9월 12일 박정희 대통령이 김재규 중앙정보부장과 백광현 정보부 7국장 그리고 박근혜를 배석시켜 최태민의 비리와 뇌물수수 혐의에 대해 직접 친국(親鞫)을 한 과정이 기록했다. 최태민이 박근혜와의 친분 관계를 내세워 정계와 재계, 정부 관료와 접촉해 인사, 승진, 공천, 공사 수주 등의 명목으로 금품을 수수하고, 입회비와 후원금을 빼돌리는 등 공금을 횡령한 것으로 드러났기 때문이다. 중앙정보부의 수사 자료에는 총 44건 3억 1,700만 원(현재 시가 약 40억 원 상당)의 비리 사실이 적시돼 있다.

1979년 김재규 중앙정보부장이 작성하여 제출한 보고서에는 최태민이 대한구국선교단을 조직한 후 14건의 횡령, 사기, 변호사법 위반, 권력형 비리, 이권 개입, 융자 브로커 등의 비위 행각을 했던 것으로 적혀 있다. 또 여성 추문과 관련 12건의 내용이 적나라하게 기술되어 있다. 이 보고서는 1979년 10월 23일 김재규 중

---

62 "79년 중앙정보부 보고서 '최태민 비리 자료' 최초 공개," 「서울의소리」 (2012. 8. 19.)

앙정보부장이 박정희 대통령에게 직접 올린 문건이다.[63] 그리고 3일 후 박정희 대통령에 총격을 가한 김재규는 10·26 사건의 정당성을 설파하면서 주변의 비리에 대해 직보하고 충언을 했지만, 딸을 감싸기만 한 채 제대로 된 판단을 하지 못하는 박정희에 대해 그의 측근 중 한 사람으로서 크게 실망했고, 이것이 박정희 대통령 제거의 한 가지 이유가 됐다고 말한 것으로 알려졌다.[64]

박정희 대통령의 피살 이후 전두환이 지휘하는 합동수사본부는 최태민을 서빙고에 잡아놓고 1주일 정도 강도 높게 조사했다. 합동수사본부는 최태민을 전방부대에 보내 6개월간 가둬 버렸다. 모친의 비극적인 죽음은 겪은 박근혜는 부친마저 최측근에 의해 살해되는 충격으로 인해 최태민과 그의 딸인 최순실을 더욱 의지하게 된다. 18년 동안의 청와대 생활을 접고 사가(私家)로 내몰린 박근혜로서는 믿고 신뢰할 수 있는 유일한 지인이었던 최태민 가족의 생활 전반에 걸친 세세한 돌봄이 절실하였던 것이다.

1982년 3월 1일 전두환 정권의 암묵적 배려로 박근혜는 그의 어머니가 1969년 설립한 육영재단 이사장에 취임한다. 최태민은 육영재단의 이사로, 고문으로 활동하며 운영에 깊숙이 개입했던 것으로 알려져 있다. 육영재단 문제가 세간의 이목을 집중시킨 것은 박정희 전 대통령의 차녀 박근령과 아들 박지만이 1990년 8월 노태우 당시 대통령 내외에게 보낸 탄원서 때문이었다. 그 내용은 '박근혜가 최태민에게 최면이라도 걸린 듯 빠져서 정신을 못 차리

---

63 위의 글.
64 "최태민 조사 중정보고서·김재규 항소이유서," 「동아일보」 (2016. 10. 26.)

고 있으니 구해 달라'는 충격적인 것이었다.[65] 이러한 분란은 1990
년 11월 15일 박근혜가 여동생 박근령에게 이사장직을 물려 줄
때까지 계속되었다.

3. 최태민의 영적 후계자 최순실의 국정 농단과 박근혜 대통령의 파면 및 수감

최태민은 1994년 노환으로 만 81세의 나이로 죽었다. 이때부
터 "아버지의 현몽, 꿈을 통한 예지력을 이어 받았다"고 총애한 그
의 딸 최순실[66]이 최태민의 역할을 대신 한 것으로 보인다.[67] 최순
실과 박근혜와의 본격적 인연이 시작된 때는 1977년으로 추정된
다. 새마음 전국대학생연합회가 출범한 바 있고 최순실이 그 연합
회 회장을 맡았다. 1979년 6월 10일에는 한양대학교에서 열린 제
1회 새마음제전에 박근혜가 참석해 개회선언을 했다.

최순실 부부의 적극적인 도움과 아버지 박정희의 후광으로
1998년 제15대 국회의원 재보궐선거에서 당선된 박근혜는 제19
대까지 5선 국회의원을 지내면서 정치적 입지를 굳혀 나갔다.
2004년부터 2006년까지는 한나라당의 대표최고위원을 역임하
였으며, 2007년 한나라당의 제17대 대선 후보 경선에 출마하였

---

65 "'언니를 구해달라' 박근령·지만 남매가 쓴 편지," 「위키트리」(보도자료), 2016.
　　10. 25.) "대통령 각하 내외분께 드리는 호소문"이라는 A4용지 12매 분량 문서다.
66 원래 이름은 '최필녀'(崔畢女)였으나 1979년에 최순실(崔順實)로 개명하였고, 이
　　후 2014년에 '최서원'으로 또 한 번 개명하였다.
67 "'무당' 최태민, 예지력 이어받은 최순실 총애했다," 「고발뉴스」(2016. 10. 13.)

다. 당시 이명박 후보 측에서 박근혜 후보에 대해 "최태민 목사 관련 내용들은 가히 충격적"이라며, 영남대 이사장 재직 시 최태민의 가족들이 사학재단 비리를 저질렀다는 의혹, 육영재단 운영에서 최 씨 일가의 전횡과 재산증식 의혹 등이 모두 사실이라고 밝혔다.[68] "최태민 일가와의 관계는 과거완료형이 아니라 현재진행형, 미래진행형"이라고 주장하였다.

2007년 7월 20일 당시 알렉산더 버시바우 주한 미국대사가 본국에 보낸 대선정국과 관련된 전문에는 "최태민이 박근혜의 몸과 마음을 완전히 통제했고, 그의 자녀들은 이로 인해 막대한 부를 축적했다는 루머가 파다하다"는 충격적 내용이 포함되어 있다.[69] 버시바우 대사는 '최태민이 한국의 라스푸틴이라고 불린다'는 사실도 덧붙였다.[70] 그리고리 예피모비치 라스푸틴(1869~1916)은 제정 러시아 말기의 파계 수도자로 혈우병에 걸린 황태자를 치료해준 것으로 황제 니콜라이 2세의 신임을 얻었고 이후 황제의 배후에서 내정 간섭을 통해 국정을 농단하다가 암살된 인물이다.

2007년 한나라당 대선후보 경선 결과 박근혜는 이명박에게 대통령 후보 자리를 내줄 수밖에 없었다. 그러나 이명박 정권 말기인 2011년 12월부터는 새누리당 비상대책위원장을 지내며 당 혁신 작업을 지휘한 박근혜는 2012년 제19대 총선을 승리로 이끌

---

68 "李측 '朴이 대통령 되면 최태민 일가 국정농단," 「뉴시스」 (2007. 6. 18.)
69 "'최태민, 박근혜 완벽 통제' 美 기밀문서 다시 보니," 「국민일보」 (2016. 10. 29.)
70 "'최태민은 한국의 라스푸틴' 2007년 미 대사관 외교전문," 「중앙일보」 (2016. 10. 27.)

었고, '선거의 달인'이라는 평을 얻었다. 이후 새누리당의 대통령 선거 후보로 선출되어 2012년 12월 19일 실시된 제18대 대선에서 당선되면서 대를 이어 대통령이 되는 영광을 누렸다.

박근혜 대통령의 임기를 1년 앞둔 2016년 소위 '박근혜-최순실 게이트'가 터졌다. 2016년 10월 25일 박근혜 대통령은 대국민 사과 기자회견을 통해 2012년 대선 당시 연설문이나, 대통령이 된 이후에도 일부 자료에 대해 최순실의 '개인적인 의견이나 소감'을 전달받았다고 밝혔다. 박 대통령의 사과에도 불구하고 비선실세 최순실이 개입한 국정 농단은 둘 사이에 종교적 의존 관계일 것이라는 여러 정황이 속속 드러나기 시작하였다. 여권에서조차 "황당하지만, 최순실이 교주여야 이 모든 상황이 설명된다"는 한탄이 나왔다.[71] 2016년 10월 27일 「노컷뉴스」에는 "대한민국, 사이비 종교가 통치하나?"라는 제목의 기사가 게재되었다.[72]

최순실의 국정 농단 사례들이 연이어 터지자, 박근혜를 탄핵하라는 국민들의 대규모 시위가 이어졌다. 박근혜 대통령에게 헌법에 위배되는 범죄(비선실세 의혹, 대기업 뇌물 의혹 등)의 혐의가 있다는 사유로 발의된 탄핵소추안이 2016년 12월 9일 국회에서 가결되었다. 2017년 3월 10일 헌법재판소는 재판관 전원일치로 대통령 박근혜 탄핵소추안을 인용하였고, 박근혜는 박근혜-최순실 게이트로 인해 헌정 사상 처음으로 대통령 임기 중 대통령직에서 파면되었다. 그리고 3월 27일 검찰은 박근혜 전 대통령에게 298억

---

71 "최태민 옹호한 朴 '영적 후계자' 최순실에도 홀렸나," 「한국일보」 (2016. 10. 28.)
72 대한민국, 사이비 종교가 통치하나? 「노컷뉴스」 (2016. 10. 27.)

원 뇌물수수를 포함한 13가지 혐의로 구속영장을 청구하였고 3월 31일 서울구치소에 수감되었다. 수감 중인 박근혜에게 국정농단과 국정원 특수활동비 상납 사건에 대한 2020년 7월 10일 파기환송심에서 징역 20년형 및 벌금 180억 원과 추징금 35억 원이 선고되었다. 재판부는 "피고인이 대통령으로서 헌법상 책무를 다하지 못해 국정에 커다란 혼란과 난맥상을 연출했다"며 "중한 처벌을 받는 것은 불가피하다"고 밝혔다.

김태형은 '최순실이라는 종교에 빠진 박근혜'[73]의 심리적 배경을 다음과 같이 분석하면서, "누군가에게 40년 동안 이용당하고 조종당하면, 사실상 본성이 망가진다"라고 진단하였다.

박 대통령의 기본 심리는 두려움이다. 종교적인 걸 떠나서 누군가에게 의존하게 되어 있다. 어머니인 육영수 여사는 대통령이 참석한 행사장 경호를 뚫고 들어온 공작원(문세광)의 총에 죽었다. 그리고 아버지 박정희 전 대통령도 최측근이자 실세 중 한 명이었던 사람(김재규)의 총에 죽었다. 이 상황에서 인간 '박근혜'는 누굴 믿어야 할까? 두 번의 사건만으로도 박 대통령이 세상을 두려워할 이유는 충분하다. 자신을 보호해주며 정신적 안정을 주는 사람이 있다면 의탁할 수밖에 없다. 그게 최태민 목사였다. 최 목사는 특히 종교(영세교)를 도구로, 효과를 극대화했다. 최순실 씨 또한 그런 최 목사의 후계자로 알려져 있다. 최 씨 일가와 박 대통령의 관계가 교주와 교인이라면, 더욱 강력할 것이다.[74]

---

73 "최순실이라는 종교에 빠진 박근혜," 「딴지일보」 (2016. 10. 25.)

박근혜 전 대통령과 비선 실세 최순실로 인해 빚어진 각종 비리와 국정 농단의 비극 역시, 사이비·이단 단체의 교주였다가 기독교 목사로 변신한 최태민과의 종교적 특수한 의존 관계가 그의 영적 후계자인 최순실로 암암리에 이어져 왔기 때문이라고 할 수 있다.

VII. 은혜로교회 신옥주의 '피지(避地) 교리'와 피지(Figi) 이주 신도 감금 폭행 사건

신옥주는 예장합동 서울신학교와 중앙총회신학대학원대학교에서 대학원 과정을 마친 후, 2002년 예장합동연합 교단에서 목사 안수를 받고 선교사로 중국에 가서 3년을 활동하였다. 2009년 8월 은혜로교회의 전신인 '바울사관아카데미'를 개원하고, 경기도 과천에 은혜로교회와 은혜로선교회를 설립하였다.

신옥주는 중국에서의 전도에 실패하고 절망하다가 성경에 비밀을 알았다고 주장하기 시작했다. 그는『방언 통역과 방언』(2012)에서 "모든 성경은 방언으로 기록돼 있으며, 하나님의 뜻을 밝히는 것이 방언 통역"이라 주장한다. 방언하는 자와 통역하는 자의 은사가 다르며, 다만 올바른 통역자만이 방언 통역을 통해 성경 말씀에 기록된 하나님의 뜻을 밝힐 수 있다고 하였다. 자신이 진정한 방언 통역자라고 주장하며 자의적으로 성경을 해석하여 물의

---

74 "정신 파괴된 박근혜, 폭주가 두렵다,"「프레시안」(2016. 10. 27.)

를 일으켰다.[75]

신옥주는 『성경과 다른 거짓말』(2013)이라는 책 표지에서 "이 세상과 모든 기독교인에게 던지는 마지막 경고"라며 "이 한 권의 책이 당신의 영혼을 살립니다"라고 주장하였다. 이 책은 한국기독교가 지난 130여 년 동안 해온 거짓말 10개를 골라 목차로 제시한다.

거짓말 1. 성령의 불 받아라.

거짓말 2. 방언 기도는 하나님께 비밀로 하는 기도이다.

거짓말 3. 짐승표를 받아도 구원과 상관없다.

거짓말 4. 기도만 하면 다 들어 주신다.

거짓말 5. 동이빨을 금이빨로 바꾸시는 성령님

거짓말 6. 짧은 다리가 길어지도록 하시는 성령님

거짓말 7. 안수기도 받으면 쓰러지게 하시는 성령님

거짓말 8. 자살해도 천국에 갔다.

거짓말 9. 여자는 목사가 될 수 없다.

거짓말 10. 술 취하지 말라고 했지 술 먹지 말라고 하지 않았다.[76]

신옥주는 이처럼 기성 교회가 거짓말을 가르치고 있지만 자신만이 '방언 통역을 통해 성경에 기록된 하나님의 말씀을 바르게 전한다'는 프레임을 집중적으로 교육하여 교인들을 끌어모았다. 이

---

75 신옥주, 『방언 통역과 방언』 (서울: 은혜로선교회, 2012).
76 신옥주, 『성경과 다른 거짓말』 (서울: 은혜로선교회, 2013), 15.

단들의 전형적인 '정통 신앙 뒤집기'를 영혼을 살리는 방식이라는 명분으로 교묘히 활용한 것이다. 위의 10가지 명제가 실은 신앙의 본질적인 내용도 아니지만, 평신도들이 애매하게 여기는 자극적 주제를 제시하여, 미혹의 접촉점과 지렛대로 삼은 것이다. 특히 신옥주는 유튜브를 홍보 수단으로 적극 활용하여 설교 영상 및 간증 동영상을 올리는 채널을 운영하고 있다. 무엇보다도 신옥주의 은혜로선교회가 사회적 물의를 빚은 것은 피지교리와 타작 마당 교리다.

1. 은혜로교회의 피지교리와 집단 이주

은혜로교회는 남태평양의 섬 피지(Figi)가 대환란을 피할 수 있는 낙토라고 속여 400여 명의 신도를 집단 이주시킨 것으로 보도되었다. 피지는 총 면적 18,272㎢의 섬나라다. 남태평양 한가운데에 위치하며, 교통의 요지로 볼 수 있다. 피지(Fiji)라는 지명의 정확한 뜻을 알 수 없으나 원주민들은 자신들의 섬을 비티(Viti)라고 불렀고 통가인(Tongans)들이 피시(Fisi)라고 불렀고 이를 전해들은 제임스 쿡(1728~1779) 선장을 통해 피지(Fiji)라고 유럽에 알려졌다.[77]

그런데 신옥주는 피지(Fiji)와 피지(避地)의 발음상 유사성을 근거로 피지섬이 대환란을 피난처라고 주장한 것이다. 이는 "미역

---

[77] "Fiji", From *Wikipedia*.

먹으며 미끄러진다"는 것과 같이 '비슷한 것은 비슷한 의미와 힘'을 지닌다는 유감(類感) 주술의 전형이다. 이런 방식으로 신천지도 청계산의 계(溪)는 '시내 계'자이므로 청계산이 시내산이라고 풀이하면서, 청계산 아래 과천(果川)을 생명과일(果)이 있고, 강(川)이 흐르는 동방의 에덴이라고 풀이한다.[78] 그래서 과천을 성지화하기 위해 300억 규모의 성전 건축을 계획 중인 것으로 알려져 있다. '시나이산(Mt. Sinai)과 시냇물(淸溪)' 그리고 '피지(Fiji)와 피지(避地)'는 전혀 무관한 지명인지도 모르는 무지의 소산이다.

사이비 · 이단 단체들의 전형적인 형태 중 하나가 자신들만의 '구원의 처소'를 제시하는 것이다. 전도관(현 천부교)는 그들이 설립한 "신앙촌에 들어오면 살고 나가면 죽는다"라고 가르쳤고, 신천지는 과천에 있는 신천지예수증거장막이 이 땅에서 이루어질 새 에덴이요, 새 예루살렘이며, 새 하늘과 새 땅(신천지, 新天地)인 천국이라고 가르쳤다. 그리고 이 신천지에 등록한 사람만이 구원과 영생을 얻는다고 하였다.[79]

성경에는 피지(避地)라는 단어는 등장하지 않는다. 피난처(避難處)라는 단어는 28회(개정개역판) 기록되어 있는데, 성경에 나오는 피난처(구약 27회, 신약 1회)는 거의 모두 특수한 장소를 지칭하는 것이 아니다. "여호와가 나의 피난처"라는 여호와를 통한 구원 신앙을 다양하게 표현한 것이다.

---

78 김보영, "신천지의 진실게임," 「현대종교」 (2007. 10.), 42-44.
79 허호익, 『한국의 이단기독교』, 153-154.

내가 피할 나의 반석의 하나님이시요 나의 방패시요 나의 구원의 뿔이시요 나의 높은 망대시요 그에게 피할 나의 피난처시요 나의 구원자시라 나를 폭력에서 구원하셨도다(삼하 22:3).

성서가 말하는 피난처는 『정감록』에 나오는 내우외환을 피해서 생존과 안위를 보장받을 수 있는 십승지(十勝地)로서 구원의 장소가 아니다. 어느 곳으로 피하든 여호와에게서 피할 수 없으므로, '여호와께로 피하는 것'이 가장 안전하다는 것이 성경의 일관된 '피난처 신앙'이다. 위에 인용한 성경에는 나의 피난처 여호와는 "나를 폭력으로 구원하셨다"고 했는데, 은혜로교회는 성경의 피난처를 장소로 왜곡시키고, 오히려 신도들은 피지로 데려가 타작 마당이라 교리로 '폭력을 행하는 것을 합리화 한' 자기 모순에 빠졌다.

신옥주는 구속되었으나 피지가 낙토라는 말에 속아 이주정착금 3천만 원을 바치고 한국을 떠난 그들 중 400여 명이 2019년 말 현재 아직 그곳에 남아 있다고 한다.[80]

2. 타작 마당 교리와 집단 폭행

은혜로교회는 신도들을 남태평양 피지섬으로 이주시킨 후 그곳에서 신도들을 감금하고 집단 폭행을 했다는 제보가 이어졌

---

80 정윤석, "신옥주 교주 징역 7년, 아직 피지엔 400여 명 신도들 남아," 「기독교포털뉴스」 (2019. 12. 26.)

다.[81] 은혜로교회는 '타작 마당'이라는 이름으로 신도들에게 가혹한 폭행을 저질렀다는 것이 보도되었다. 타작 마당 교리 역시 성경 누가복음 3장 17절과 시편 3편 7절을 자의로 선택하여 문자적으로 억지로 해석한 전형적인 사례이다.

> 손에 키를 들고 자기의 **타작 마당**을 정하게 하사 알곡은 모아 곡간에 들이고 쭉정이는 꺼지지 않는 불에 태우시리라(눅 3:17).
> 여호와여 일어나소서 나의 하나님이여 나를 구원하소서 주께서 나의 모든 원수의 **뺨을 치시며** 악인의 이를 꺾으셨나이다(시 3:7).

은혜로교회는 이 두 구절은 마치 곡식을 타작하여 쭉정이를 골라내듯이 신체와 정신을 타작하여 귀신을 떠나가게 해야 한다는 의미로 왜곡하였다. 폭행하며 타작 과정을 알곡과 쭉정이를 나누는 과정이라고 세뇌했다. 맞는 사람은 알곡이 되기 위해 참아야 했다. 그것은 '원수의 뺨'을 치는 것이라고 미혹하였기 때문이다. 그래서 100대고, 200대고 맞으면서도 참아야 했다. 결국 맞아 죽는 사람도 생겼다. 타작 마당은 신옥주가 직접 하거나 신도와 신도, 부모와 자녀 간에도 이뤄졌다. 실제로 타작 마당에서 여러 성도가 둘러 있는 자리에서 한 신도의 뺨을 수십 대를 때리는 장면이 동영상으로 공개되기도 하였다.[82]

---

81 2018년 8월 25일 SBS '그것이 알고 싶다'에서는 '그들은 왜 피지로 갔나' 편을 통해 은혜로교회 피지섬 신도 감금 폭행사건에 대해 다뤘다.
82 "신옥주 교주의 타작 마당과 심리 조작," 「기독교타임즈」 (2018. 10. 27.)

수원지방법원 제8 형사부는 2019년 11월 5일 2심에서 피지를 말세의 피난처라며 지난 5년간 400여 명의 신도를 집단 이주시키는 과정에서 폭행, 사기, 감금, 상법, 아동복지법 위반 등 아홉 가지 혐의로 신옥주에게 징역 7년 형을 선고하였다. 1심 6년 형이 부당하다며 항소했지만, 오히려 1년 형이 더 추가됐다. 재판부는 "말세에 대기근을 피할 낙토가 피지라는 것은 사회상규상 거짓말이다!"라고 하였다.

타작 마당이라는 교리를 빙자한 폭력 혐의에 대해 재판부는 신옥주와 은혜로교회에 대한 지배력과 장악력을 종합하면 현장에 있고 없고 여부를 떠나 신도 간 타작 마당 행위에 본질적 기여한 장본인이라며 공동상해와 특수폭행을 모두 유죄로 판결했다. 재판부는 피해자들에게 가해진 물리적 힘과 범위, 피해자들이 보인 태도와 정황을 종합하면 설령 피해자들이 타작 마당을 자발적으로 원했다 해도, 이는 "폭행을 승낙한 것으로 볼 수 없다"며 "피해자들은 거부하지 못하고 참았던 것에 불과하다"고 지적했다. 타작 마당에 대해 판사는 "종교 행위의 한계를 벗어나고 그렇게 해야 할 이유도 없다"고 판단했다.[83] 또한 재판부는 신옥주에게 80시간의 아동학대 치료프로그램 이수와 10년간 아동 관련 기관 취업 제한을 명령했다. 신옥주의 동생 신모 씨는 6개월이 늘어난 징역 4년을 선고받았다. 신도 장 모 씨는 징역 2년 6월, 최모 씨는 징역 1년을 선고받았다.

---

83 정윤석, "환란, 기근 피할 낙토가 피지다? 이건 거짓말!," 「기독교털뉴스」 (2019. 11. 05.)

은혜로교회의 거짓된 피지 교리와 타작 마당 교리로 인해 수백 명이 사기와 폭력을 당하고 신옥주와 간부들은 구속 수감된 것이다.

VIII. 신천지 이만희의 '모략 교리'와 코로나19 집단 확산 사건

신천지(신천지 예수교 증거장막성전)의 교주 이만희는 1931년 9월 15일 경북 청도군에서 태어났다. 1957년부터 박태선을 추종하였다. 1967년부터는 '장막성전'의 유재열파에 가담했다가 사기를 당해 재산을 다 털리고 이탈했다.[84] 1984년 3월 14일 자신을 따르는 세력을 규합해 과천에서 '신천지예수교증거장막성전'을 설립했다. 혈서로 '새 언약'이라 쓰고 일곱 집사가 날인하였는데, 이날부터 새 하늘과 새 땅이 이 땅에서 시작된 날로 여겨 신천기 (新天紀) 원년이라 한다. 신천지 이만희 단체는 한국의 다른 모든 사이비·이단 단체와 달리 기성 교회와 교인을 대상으로 공격적이고 공개적으로 집중적인 포교를 펼쳐 왔다.

신천지는 기성 교회에 몰래 잠입하여 섭외를 통해 포섭된 신자들에게 집중적으로 1개월간의 복음방 교육과 6개월간의 무료신학원 교육과정으로 장기적인 성경 공부를 통해 영적으로 미혹하고 집요하게 세뇌하는 것으로도 유명하다.

---

84 현대종교 편집부, 『신천지와 하나님의교회의 정체』 (서울: 국종출판사, 2007), 12-16. 자세한 연혁 참고.

1. 신천지 교회의 '모략 교리'

신천지는 자신의 신분을 거짓으로 위장하고 이를 교리로 합리화한다. 신천지는 추수꾼 비유(마 13:36-43)를 자의로 해석하여, 추수꾼을 밭에 보냄은 "기성 교회 침투"로, 추수 대상으로 삼는 기존 교회를 "도둑질당한 밭"인 "우리 것"을 되찾는 것으로, 기성 교회 침투는 "양을 이리 가운데 보내는 것"(마 7:15)으로 그리고 이러한 비밀 침투 활동을 위한 위장과 기만을 "이리 옷을 입는 것"으로 합리화한다. 신천지는 비밀리에 교회에 침투하는 것을 "뱀처럼 슬기로운 지혜"(마 10:16)라 한다. 거짓을 말하는 것을 "모략의 교리"(사 19:17)로 합리화한다. 이만희는 PD수첩(2007. 5. 8.) 인터뷰에서 "영생 그런 것 얘기한 적 없고, 재림 예수라 칭한 적이 없다"고 뻔뻔한 거짓말을 하였다.

신천지는 자신들이 '진리의 성읍'이라면서 자신들이 신천지 교인이라는 신분조차 감추고 전도하는 것이나, 거짓과 기만을 교리로 합리화하고, 위장 교회와 위장 집회를 통해 포교하고 있다. 십계명에는 "네 이웃에 대하여 거짓 증거하지 말라"라고 가르친다. 진리는 아무도 속이지 않는다. 하나님께는 거짓이 통하지 않는다. 어느 종교이든지 거짓말을 하지 말라는 것을 계율로 가르치는데 반해, 신천지는 거짓말하는 것을 주요 교리로 가르치는 사이비·이단 단체이다. 따라서 신천지 교인들은 거짓말하는 일에 아무런 양심의 가책을 느끼지 않는 도덕불감증자들이고, 일상생활에서도 기본적인 윤리의식을 찾아보기 어렵다는 지적을 받고 있다. 이는 신천지 대구교회 중심으로 발생한 코로나19 확산 사태에서 그 대로 드러났다.

2. 신천지 비밀 성경 공부의 '입막음 교육'과 위장 포교 방식

신천지는 복음방이나 신학원에서 성경 공부를 하는 것을 가족 이나 외부인에게 "절대 비밀로 하라"라며 여러 성구를 제시하며 "입막음 교육"을 반복한다. 그리고 "집안 식구가 원수"(마 10:34-36)이기 때문에 성경 공부하는 것을 가족이나 교인이나 목회자에 게 일체 비밀로 하여야 한다고 세뇌시킨다.

성경을 왜곡하여 '밭에 감추인 보물'(마 13:44)을 발견하고 그것 을 차지하기 전에는 다른 사람에게 알리지 않아야 한다는 그럴듯 한 이유를 댄다. 성경 공부 교재도 밖으로 유출시키지 않는다. 보 안 유지와 신변 보호를 위하여 집회 장소나 단체를 위장하거나 지 도자들은 가명을 사용하면서 위장 포교 활동을 벌이다 적발되기 도 하였다.

신천지는 군대에서 적군으로부터 비밀을 지키기 위해 암호를 쓰듯 성경에서도 하나님이 사탄으로부터 지키고자 하는 비밀이 있다고 주장한다. 그리고 이 비밀을 감추기 위해 암호를 사용하는 데, 그게 바로 비유라는 조잡한 논리를 편다.[85] 심지어 어떤 사람은 신천지에서 성경 공부를 하면서 비밀을 안 지켰더니 교통사고로 뼈

---

85 백상현, 『사이비 이단신천지를 파혜치다』 (서울: 국민일보기독교연구소, 2014), 77.

가 부러졌다는 식으로 위협까지 하면서 입막음을 철저히 강요한다.

신천지는 비밀리에 진행되는 복음방 교육, 신학원 교육, 새신자 교육을 받은 이후에 신천지 교회에 등록된 신자가 아니면 신천지 교회의 예배에 참석할 수 없다. 7~8개월의 성경 공부를 통해 신천지 교리에 세뇌된 사람들만이 신천지 교회의 예배에 참석할 수 있다. 예배보다 성경 공부를 우선시하는 것이 일부 사이비·이단 단체들의 특징이기도 하다. 신천지 집회는 신천지 교인에게 발급하는 ID카드 소지자만 참석할 수 있도록 통제한다. 서울 화곡동의 신천지의 '바돌로매 지성전' 출입문에 지문인식기가 설치 가동되고 있는데, 단순 보안장치가 아닌 외부인 출입 통제용으로 보여 폐쇄적인 단체임이 드러났다고 한다.86

그러나 예수께서는 복음의 실상을 비사로 특정인에게 비밀리에 전한 것이 아니라는 것이 복음서의 증언이다. 그 반대로 예수께서는 언제 어디서나 누구나 쉽게 이해할 수 있도록 일상적인 비유로 그리고 공개적으로 말씀을 선포한 것이다. 그래서 "내가 드러내 놓고 세상에 말하였노라. 모든 유대인이 모이는 회당과 성전에서 항상 가르쳤고 은밀하게는 아무것도 말하지 아니하였다"(요 18:20)라고 하셨다. 그래서 바울은 "그러나 우리나 혹 하늘로부터 온 천사라도 우리가 너희에게 전한 복음 외에 다른 복음을 전하면 저주를 받을지어다"(갈 1:8)라고 하였다. 이런 의미에서 이레니우스는 특정인에게 비밀리에 가르치는 '비공개적 비밀 전승'과 달리

---

86 "신천지 바돌로매… 출입문 지문인식기 설치 가동,"「교회와신앙」(2016. 01. 07.)

예수와 그의 사도들은 공개적으로 가르쳤기 때문에 '공개적인 사도 전승'으로 구분하였다.

종교를 크게 현교(顯敎)와 밀교(密敎)로도 구분한다. 현교는 교리, 제도, 의식이 모두 공개되어 있고, 의사결정이 민주적이고 예결산이 투명하게 공개된다. 사이비·이단 단체는 대부분 밀교의 형태를 띠기에 대체로 집회 참석조차 공개되어 있지 않고 교리와 의식과 제도의 일부가 숨겨져 있다. 그리고 자기들만이 감춰진 비밀을 알고 있다고 주장하고 그 내용을 비공개적으로 은밀하게 가르친다. 신천지 교인들은 자신의 신분을 철저히 숨기고 심지어 '전도 방법'과 같은 내부 유인물이나 문서의 외부 유출도 철저히 금하고 있다. 밀교 또한 비민주적으로 운영되고 재정관리가 불투명하는 등 교리와 제도와 의식이 이중적이다. 이러한 표리부동의 '비밀단체 체제'는 밀교적 성격을 띠는 사이비·이단 단체의 전형적인 특징이다.[87]

3. 신천지 대구교회를 통한 코로나19 집단 확산 사건

코로나19가 신천지 대구교회를 통해 전국적으로 확산되는 사태가 일어났다. 신천지 대변인은 방역 대책에 적극 협조하겠다는 입장을 발표(2020. 2. 23.)하였으나, 신천지 신도 명단과 위장 집회 장소를 정확하게 관계 당국에 제공하지 않고 일부를 숨겼다는 기

---

87 정윤석 외, 『신천지 포교전략과 이만희 신격화 교리』 (서울: 교회와신앙, 2007), 58.

사가 보도되었고, 신천지를 압수 수색하라는 여론과 더불어 '신천지 강제 해체'와 '이만희 교주 구속 수사'를 청와대에 국민 청원하기에 이르렀다.

2020년 1월 8일, 코로나19와 유사한 증상을 보이는 의심 환자가 대한민국 내에서 처음으로 확인됐다. 2월 20일까지 누진 확진자가 평균 하루 1~2명 내외로 총 30명에 불과하였다. 그런데 신천지 신도로 중국 우환을 방문한 31번 환자가 밝혀진 바로 이날, 20명의 추가 확진자가 발생하였고, 21일 53명, 22일 100명으로 집단 확산되기 시작하였다. 신천지 소속 31번째 확진자가 의료진의 검사 요청도 거부하고 신천지 예배에서도 참석하여 1,160명과 접촉했다는 게 밝혀져 전수 조사가 시작되었다. 대구시는 대구교회 신도 9,294명에 대한 자가 격리 조치를 하였다.

그런데 신천지 간부들은 "신천지 신도라는 것이 알려질 경우 확진자와 같은 날 예배에 가지 않았다"고 거짓말을 하도록 신도들에게 공지하여 동선 파악에 일대 혼란을 끼쳤다. 신천지 교인들은 평소에 자신의 신분을 감추어 왔고 신천지를 위해 거짓말을 하는 것을 '뱀 같은 슬기요 모략'이라고 교육을 받았기 때문에 방역 당국에 대해 거짓 보고를 하는 일이 예사였다. "건강함이 신앙의 크기이며 아픈 것은 죄"라고 가르쳤기 때문에 자신의 감염 증상을 숨기고 예배에 참석하였고, 심지어 "예배드리다가 코로나19 걸려 죽으면 순교"이며 예배에 불참하면 제명을 한다고 강요하였기 때문에 감염의 폭발적인 집단 확산의 매개가 된 것으로 분석된다.[88]

2월 21일 이만희는 "금번 병마 사건은 신천지가 급성장됨을 보고 이를 저지하고자 일으킨 마귀의 짓으로 안다"라는 특별 공지한 것으로 보도되었다.[89] 신천지 측은 방역 당국에 신도 명단 요청에 비협조적이었고, 일부 신도 명단과 집회 장소를 누락된 자료를 제출하기도 하였으며, 방역 당국의 지침을 어기고 집회를 하는 사례도 발각되었다.[90] 확진자와 접촉한 신천지 교인들에 대한 전수 조사가 시작되었으며 연락이 되지 않는 경우가 많았다. 이러한 대규모 연락 두절 현상에 대해 2월 21일 SBS 뉴스브리핑에서 신현욱 목사는 "신천지는 군대와 비슷하게 지속 보고와 연락을 하는 체계이기 때문에 연락 두절이라는 것은 있을 수가 없으며, 가족들에게도 신천지라는 것을 철저히 숨기는 성향상, 신천지라는 것을 들키지 않기 위해 의도로 연락을 회피하고 있는 것이라 윗선에서 보고하라고 지시를 내리지 않는 이상 신천지 신도들이 능동적으로 연락하기는 어렵다"라고 밝혔다.

2월 23일 방역 당국의 발표에 따르면 실제로 대구 지역 신천지 신도 9,334명을 전수 조사한 결과 그중 1,248명이 유증상자로 확인됐다. 670명은 연락이 닿지 않아 이들을 추적하기 위해 경찰 600명을 투입하겠다고 밝혔다. 신천지 집회 장소가 429곳 더 있다는 보도도 있었다. 이에 대해 신천지 대변인은 방역 대책에 적극 협조하겠다는 입장을 발표하였으나, 신천지 신도 명단과 위장

---

88 "예배드리다가 코로나19 걸려 죽으면 순교?", 「크리스챤투데이」 (2020. 3. 3.)
89 김태헌 · 차민지, "'신천지 신도들, 일반 교회로 가라' 지령 소문에 교회들 '비상'," 「CBS노컷뉴스」 (2020. 2. 21.)
90 "대구 신천지 신도 중 유증상자 1,248명 … 연락 두절 670명 경찰 추적," 「중앙일보」 (2020. 2. 23.)

집회 장소를 정확하게 관계 당국에 제공하지 않고 일부를 숨겼다는 기사가 보도되었다.[91] 이런 이유 등으로 이미 2월 22일 청와대 국민청원 게시판에는 신천지를 압수 수색하라는 여론과 더불어 '신천지 강제 해체' 청원이 올라왔고, 25일에는 '신천지 이만희 교주의 즉각적인 구속 수사 촉구'를 청원하기에 이르렀다.

2월 25일 신천지 전체 신도 명단(국내 21만 2,324명, 해외 3만 3,281명)이 입수되고, 28일에는 신천지 예비 신도(교육생) 6만 5,000명의 명단이 추가 입수되었다. 2월 27일에는 신천지 측에서 제공한 신도 수 자료보다 경기도에서 강제 조사를 통해 얻은 신도 수 자료가 1,974명이나 더 많은 것으로 나타나서 큰 논란이 되었다. 또한 이날 노컷뉴스에선 "신도들에게 질병관리본부의 확진자 동선 파악을 차단시키기 위해 체크카드나 신용카드를 사용하지 말고, 구두로 동선 파악 시에는 거짓 진술을 해서 교단을 보호하고, 발각을 피하기 위해 병원 검진을 피하라"는 지침까지 내렸다는 기사를 냈다. 이로 인해 신천지의 풀네임인 신천지예수교 증거장막성전을 비꼬아 '신천지예수교 증거인멸 성전'이라고 부르는 사람들도 생겼다.

서울시에서 2월 26~27일간 진행한 조사에서 신천지 신도들이 "내 정보를 어떻게 알았냐"고 항의하면서 "가족에게 알리면 자살하겠다", "소송하겠다"라고 협박하는 등 수사에 비협조적이었다는 보도가 나왔다. 서울시에 거주하는 신천지 신도 28,317명

---

91 "[단독] 신천지, 숨긴 집회장 429곳 더 있다," 「국민일보」 (2020. 2. 23.)

중 1,485명이 통화에 실패했고 68명이 조사를 거부했다고 밝혔다. 정부가 신천지 교회 전체 신도 명단을 입수한 이후 2월 29일 현재까지 17만 명에 대한 코로나19 증상 조사한 결과 이중 증상이 있다고 답변한 비율은 1.9%로 모두 3,381명이었다.[92]

3월 1일엔 신천지는 정치인들에게 자기들을 보호해 달라는 성명까지 발표했으며, 3월 2일에는 이만희가 직접 대국민 사과를 하고 당국의 조사에 적극 협조하겠다고 기자 회견을 통해 밝혔지만, 3월 2일에는 일일 확진자 1,062명으로 총 확진자 4,212명으로 늘어났다. 한 달 후인 4월 5일에는 신천지 사태 이후 처음으로 신규 확진자가 50명 이하로 떨어졌으나, 신천지 대구교회 중심의 집단 확산으로 전체 누진 확진자는 6,598명에 달했고 사망자도 186명에 이르렀다.

3월 26일 서울시는 신천지의 사단법인 '새하늘새땅증거장막성전예수교선교회'가 공익을 현저히 해치고 허가 조건을 위반했다고 설립 허가를 취소했다. 박원순 시장은 "이만희 신천지 총회장 등은 방역 당국의 조사에 협조한다고 하면서 실제로는 정부의 방역 활동을 방해하는 지시를 내려 국민의 생명과 안전을 심각하게 침해했다"며 "신천지는 종교의 자유를 벗어난 반사회적 단체"라고 비난했다. 이와 함께 "신천지 측이 '특전대'라는 이름의 교묘하고 계획적인 위장 포교 조직을 운영해 왔다는 점을 입증하는 문서도 확보했다"고 밝혔다.[93] 그리고 신천지의 또 다른 유관단체인

---

92 "신천지 조사 가능 19만 명 중 17만 명 조사 완료 … 유증상 3천381명," 「연합뉴스」 (2020. 2. 28.)

사단법인 하늘문화세계평화광복(HWPL)도 국제교류 등 법인 설립 목적과 실제 활동이 다르다고 판단하고 4월 24일 설립 허가를 취소하였다.

4. 신천지의 교리와 신천지 간부 및 이만희의 감염병예방법 위반 구속의 관련성

5월 22일에는 과천 총회 본부와 가평 평화의 궁전 등 신천지 관련 시설을 압수수색 하는 등 강제수사로 전환했고, 이로부터 2개월이 지난 7월 8일 감염병예방법 위반과 위계에 의한 공무집행 방해, 증거인멸 교사 혐의를 받는 신천지 과천본부 총무 등 세 명을 구속했다.

대구의 한 원룸촌 거주자 224명이 코로나19 확진자로 확인되었는데 그중 204명이 신천지 교인이었다. 대구 신천지 교인 1만 400여 명 중 확진 판정을 받은 신도는 4,200여 명으로 대구 총확진자의 62%인 것이 확인되자, 대구시는 6월 18일 대구지방법원에 신천지예수교회와 이만희 총회장에게 1,000억 원의 손해배상을 청구하는 소장을 제출했다.

대구시는 "지난 2월 18일 대구 코로나19 첫 환자인 31번 환자가 신천지 교인으로 집합 예배를 한 사실을 확인하고 신천지 교회 측에 교인 명단 제출, 적극적 검사 및 자가 격리, 방역 협조 등을

---

93 진상훈, 박원순 "신천지 법인 설립 허가 오늘 취소⋯ 심각한 공익 침해," 「ChosunBiz」 (2020. 3. 26.)

요청했으나 집합 시설 및 신도 명단을 누락시키는 등 방역을 방해했다"고 설명했다. 그리고 "행정조사 결과 신천지 대구교회 건물의 상당 부분을 종교시설로 무단 용도 변경해 예배한 사실을 확인했다"며 "이 같은 건축법 위반 행위 역시 대규모 집단감염의 원인을 제공했다"고 지적했다. 시는 신천지예수교회 측이 대구교회 폐쇄 명령을 받고서도 신도들에게 길거리 전도를 종용하는 등 감염 확산을 오히려 조장했다고 보고 있다.[94]

신천지를 통한 코로나19 집단 확산 사태가 잠잠해진 직후 7월 20일 진행된 신천지 베드로지파 온라인 회의에서 핵심 간부 A 씨는 참가자들에게 "코로나19 확산 책임이 외국인 출입을 막지 않은 추미애 장관에게 있다"며, "추미애 장관이 신천지에게 코로나19 확산 책임을 뒤집어씌우고 있으니 추 장관 탄핵 청원에 동의할 것"을 지시한 것으로 보도되었다.[95]

2020년 8월 1일 수원지법은 정부의 코로나 방역 활동을 방해한 혐의 등으로 이만희 총회장을 전격 구속하였다. 신천지를 중심으로 코로나19가 확산하던 2020년 2월 신천지 간부들과 공모해 방역 당국에 신도 명단과 집회 장소를 축소해 보고한 감염병예방법 위반과 신천지 연수원인 평화의 궁전을 신축하는 과정에서 56억 원을 횡령한 특정경제범죄가중처벌법 위반과 이 밖에 2015년부터 지난해까지 지방자치단체의 승인 없이 해당 지자체의 공공시설

---

94 "대구시, 신천지·이만희 상대 1000억 소송,"「한국경제」 (2020. 6. 22.)
95 오요셉, "신천지 간부, 추미애 장관 탄핵 청원 동의 지시,"「CBS노컷뉴스」 (2020. 7. 30.)

에서 종교행사를 연 혐의 등으로 구속된 것이다.96

신천지 간부 및 이만희 교주의 구속에 이어 1,000억 원 손해배상 청구 소송에서 보듯이 신천지 신도들이 코로나19 확산 와중에도 신분과 동선을 숨기고, 적극적인 검사와 자가 격리를 무시하고, 신도 수와 집회 장소를 허위 보고하고, 교회 폐쇄 명령을 받고서는 몰래 집회와 포교 활동을 하는 등 감염병예방법을 조직적으로 위반해온 것이, 코로나19의 전국적 집단 확산의 직접적인 원인이 된 것으로 당국은 파악하고 있다. 이는 신천지를 위해 신분을 속이고 거짓말을 하는 것은 '뱀 같은 지혜'라고 가르치고 비밀리에 행해지는 각종 성경 공부나 위장 집회 및 위장 포교 방식을 '모략 교리'로 합리화해 온 신천지의 이단 사이비적 행태의 필연적 귀결로밖에 설명할 수 없다.

IX. 인터콥 최바울의 '코로나 백신 음모론'과 '666'에 대한 바른 이해

1. 인터콥 최바울의 최후의 영적 전쟁론과 시한부종말론

1983년 최바울은 선교사 자격으로 개신교회 평신도를 중심으로 하는 선교단체로 인터콥(InterCP)선교회를 설립하고 대표로 활동

---

96 "신천지 이만희 '코로나 방역방해' 혐의로 구속," 「KBS NEWS」 (2020. 8. 1.)

하였다. 그의 저서 『세계영적도해』(2004), 『백투예루살렘』(2004), 『시대의 표적』(2007), 『왕의 대로』(2008), 『하나님의 나라』(2011) 등을 통해 반복적으로 공격적 열방 선교라는 이름으로 행해지는 예루살렘 회복(Back to Jerusalem, BTJ)과 마지막 시대에 영적 전쟁과 적그리스도의 지배에서 벗어나 살아남아야 한다고 주장한다.

최바울은 "성경적 관점에서 1948년 이스라엘 국가 건설은 마지막 시대의 절대 표징"(『시대의 표적』, 32)이며, "마지막 사태 가운데 임박한 징조는 911사태와 그 이후에 전개된 이삭과 이스마엘 형제 갈등의 지구적 팽창"(『시대의 표적』, 34-35)이라고 하였다. 그는 인터콥이 주도한 '실크로드예수행진2000'을 통해 예루살렘 주변의 57개 이슬람 국가의 복음화하려고 했던 백투예루살렘운동은 "이스라엘 신을 향한 하나님의 교회의 최초의 영적 도전"(『백투예루살렘』, 171)이라고 한다. 이에 "세계교회의 영적 공격을 받은 이슬람 신이 봉기하여 일어난 것이 911사태", "빈라덴과 그의 친구의 배후에는 이슬람 신이 있다"(『백투예루살렘』, 89)고 주장한다. 그리고 이 영적 전쟁을 승리로 이끌기 위해 2004년 8월 4일 인터콥과 예수전도단이 공동으로 한국 청년 대학생 신자 2,500명을 동원하여 10km의 2004예루살렘예수대행진을 하였다.[97] 2007년 아프가니스탄에 선교하러 갔다가 탈레반에 납치돼 2명이 숨진 이른바 '샘물교회' 사건의 가이드도 인터콥 소속이었다.

최바울은 이 영적 전쟁에서 승리하기 위한 한국 정병 10만과

---

97 함태경, "'예루살렘 평화행진' 은혜 속에 진행," 「국민일보」 (2004. 8. 8.)

중국 정병 100만을 동원하여 예루살렘 고토 회복을 '왕의대로'를 마련해야 한다고 하였다(『왕의대로』, 264). 그런데 이 영적 전쟁 마지막에는 사탄의 세력의 영적 반격이 있을 것이라고 한다.

> 예수님의 초림 때 헤롯이 당대 세계제국 로마의 권력으로 메시아를 죽이려 했던 것처럼, 예수님의 재림 직전에도 세계제국의 통치 권력을 장악한 적그리스도 짐승이 등장하여 '매매권력(賣買權力)'을 가지고 성도의 권세를 꺾고 성도들을 그렇게 살육할 것입니다(계 13). 메시아 초림과 재림에는 지구적인 강력한 영적 대결이 일어납니다. 운명의 시간이 다가오는 것을 본 사단이 정체를 드러내며 마치 최후의 발악을 하듯이 반격을 가합니다(『왕의 대로』, 300).

최바울은 현대에 와서 슈퍼컴퓨터의 전산시스템을 통한 세계적 통제와 세계무역기구(WTO)를 통한 세계시장을 지배할 수 있는 '매매권력'이 가능해졌다고 주장한다. 이 모든 것은 세계를 지배하고 통제하려는 적그리스도의 계략이라는 것이다. 적그리스도는 세계 경제를 장악한 통일된 세계체제로써 모든 사람에게 생체 바코드 666을 이마에 새기도록 하고 세계 디지털 전산시스템으로 그들을 관리하고 통제함으로써 완전한 세계평화, 즉 정치·사회적 평화와 더불어 완전한 평등이 실현되는 소위 세속적 유토피아를 지상에 이룩한다는 것이다. 그리고 바로 이 세계체제가 자신의 권력에 순종하기를 거부하는 성도들을 핍박한다고 해석한다. 그는 "적그리스도의 세계정부는 모든 사람에게 '짐승의 표' 즉

'666표'를 받게 할 터이고 대다수 사람은 '666표'를 받을 것"(『하나님의 나라』, 178)이며, "세계정부는 '666표'로 온 인류를 통제할 수 있게 되니 범죄는 물론 테러나 전쟁도 사라지게 된다"(『하나님의 나라』, 180)고 하였다.

이외에도 그의 『영적 도해』 등 여러 저서에는 이집트에서 이시스 여신을 섬기며 피라미드를 만든 '일루미나티'를 이어온 것이 성경에 나오는 바빌론의 음녀이고, 가톨릭의 음녀 마리아 숭배도 이를 계승한 것이라고 한다. 근대에 와서는 유럽의 프리메이슨이 프랑스 혁명을 일으키고 '자유의 여신상'이라는 음녀를 미국으로 보내 '신자유주의와 자본주의의 세계화'를 통해 세계를 지배하는 매매 권력이 되려고 1991년 세계무역기구(WTO)를 만들었다는 등 온갖 음모론으로 가득 차 있다.

2014년 5월 23일 예장미주합동총회는 인터콥을 이단으로 규정했고, 2018년 5월 "이 시대를 예수님의 재림 전의 마지막 세대라고 주장하고, 미전도 종족 선교와 재림의 때를 직접 연결하여 강조하고 있는데, 이것은 사실상의 시한부 종말론이다"라고 규정했다.[98] 한국교회총연합은 2021년 1월 13일 발표한 성명에서 코로나19 집단감염의 새로운 근원지로 지목된 인터콥선교회(최바울 대표)가 한국교회 교인들의 신앙을 위협할 수 있으므로 모든 교인의 참여를 제한·금지할 것을 회원 교단에 요청했다.

---

[98] 정윤석, "최바울 선교사, 사실상 시한부 종말론 주장," 「기독교포털뉴스」 (2018. 7. 9.)

2. 최바울의 '코로나 백신 음모론'과 BTJ열방센터를 통한 코로나 집단 확산

최근 최바울은 코로나 백신은 세계 단일 정부 소속인 빌 게이츠에 의해 사전 기획된 것으로 DNA를 조작해 사람의 몸에 투여하는 마이크로 칩인 베리칩(VeriChip)처럼 세계 시민을 노예로 만들려 한다는 음모론을 주장한다. 2020년 7월 최바울의 설교를 통해 일부 내용이 알려졌다.[99]

> 이건 프로젝트다. 자 보세요. 모든 프로젝트입니다. … 목적은? 하나님의 창조 세계를 대체시키고 세계 사람들을 다 사이버 세계로 집어넣어서 컨트롤하고 장악하려고 글로벌 컨트롤 시스템(이예요).
> 빌 게이츠와 세계 경제 실력자들이 모여서 코로나바이러스가 발생하면 어떻게 될지를 시뮬레이션을 했다.… 주식이 30, 40% 폭락할 것이다. 한국은 그대로 올스톱했어.… 세계가 난장판이 되는데도 백신은 개발되지 않아서 세계는 공포 속에 있을 것이다.

최바울은 코로나 백신 개발에 성공했다는 뉴스가 전해지자 "백신으로 DNA 구조를 바꾼다"며, "백신을 맞으면 세계가 그들의 노예가 된다"고 주장한 것으로 알려졌다. 코로나 백신을 맞으면 백신이 일종의 베리칩이 되어 무선 원격으로 DNA 유전자 조작이

---

99 김정수, "인터콥의 상주열방센터 모임, 음모론 맹신의 결과인가? 최바울, '코로나는 빌 게이츠의 프로젝트' '백신 맞으면 노예된다' 주장," 「현대종교」 (2021. 1. 6.)

가능해지고, 불필요한 사람들 모두 제거할 수 있다는 것이다. 심지어 문재인 정권 역시 사탄의 대리자 역할을 하는 세계 단일 정부의 추종 세력이므로 정부의 방역 수칙에 협조하여 대면 예배에 소극적이거나, 코로나 백신을 접종하는 일이 없어야 한다고 주장한 것으로 알려졌다. 코로나19 백신을 맞으면 사탄의 표인 666을 받을 것이며, 결국 사탄에 굴복하여 사탄의 노예가 된다는 것이다.

이런 주장의 여파로 인터콥을 통해 전국적인 3차 코로나 집단 확산이 증폭되었다. 지난 2020년 10월 9~10일 경북 상주시 인터콥 BTJ열방센터에서 개최한 집회에 약 3,000명이 참석한 것으로 알려졌다. 이때는 사회적 거리 두기 2단계를 유지하고 있어 실내에서 50인 이상 모이는 집회를 열 수 없는 시기였다. 코로나 확진자가 더 많이 발생했던 11월 27~28일에도 약 500명이 모여 집회를 열었다. 휴대전화 전원을 끄고 참석할 것을 요청하거나, 참석하고도 참석을 부인하는 사례가 드러났다. 12월에도 같은 장소를 방문한 사람들이 확진 판정을 받으면서 큰 파장이 이어졌다.[100]

2021년 1월 15일 기준으로 BTJ열방센터 관련 확진자는 전국적으로 729명으로 확인되었다. 신천지의 경우 관련 공식 집계 마지막인 4월 29일 기준으로 5,212명, 사랑제일교회의 경우는 9월 25일 같은 기준으로 총 1,168명이었다. 그래서 언론에서조차 인터콥을 제2의 신천지라고 한다.[101] 1월 15일 대구지법 방역 당국은 도주와 증거인멸의 우려가 있는 BTJ열방센터 관계자 2명을 코

---

100 전동혁, "BTJ열방센터 관련 9개 시도서 총 505명 확진," 「MBC뉴스」 (2021. 1. 9.)
101 "[팩트체크] BTJ열방센터 운영 '인터콥'은 제2의 신천지다?", 「YTN」 (2021. 1. 18.)

로나 집단 확산의 빌미가 되었으므로 감염병예방법 위반과 역학
조사 방해 혐의로 구속했고, BTJ열방센터 종사자와 방문자 등에
게 진단검사 및 집합 금지 행정명령도 내렸다.

3. 666 짐승의 표는 사람의 수이며, 도미티아누스 황제 신상(神像) 참배 확인표

2012년 데이비드 차는 『마지막 신호』라는 책을 통해 생체칩
(VeriChip)이 적그리스도요 짐승의 표인 666이므로, 예수를 믿는
사람일지라도 생체칩을 받으면 구원을 얻지 못한다고 주장하였
다. 생체칩이 짐승의 표인 이유는 ① 모든 사람에게 삽입될 준비
가 되어 있고 ② 이 칩을 받지 않으면 물건을 거래할 수 없고 ③
개인에게 부여되는 바코드는 666으로 구분되며 ④ 이 정보는 음
녀의 상징으로 가득 찬 EU 본부의 '짐승'이라 불리는 슈퍼컴퓨터
에 저장 관리되기 때문이라고 하여 물의를 일으켰다.[102] 최바울
역시 위와 같은 논지로 '베리칩 음모론'을 주장하다가, 코로나가 전
세계로 유행하자, '코로나 백신 음모론'을 주장하고 나선 것이다.
짐승의 표인 666만큼 사람들의 호기심을 끌어 다양한 억지 풀
이가 남발된 성경 구절이 없을 것이다. 요한계시록에는 "바다에서
한 짐승이 나오는데 뿔이 열이고 이름이 일곱이라"(1절)하고, "또
다른 짐승이 땅에서 올라오니"(12절) 이 두 번째 짐승의 수를 세어

---

102 허호익, "데이비드 차의 [마지막 신호]는 허황된 음모와 망상을 계시인 것처럼
　　주장한다," 「현대종교」 (2012. 11.), 90-99.

보면 "그 수는 사람의 수니 666이니라"(18절)고 하였다. 이 두 번째 짐승 곧 666의 특징을 다음과 같이 설명한다.

1) 첫 번째 짐승을 경배하도록 강요하고(12절),
2) 또 이 짐승의 우상을 경배하지 않는 자는 모두 죽이도록 하고(13-14절),
3) 모든 자들로 그 오른손과 이마에 표를 받게 하고(15절),
4) 이 표를 받은 자 외에는 매매를 하지 못하게 하였다(16절)

무엇보다도 요한계시록 본문에는 '두 번째 짐승'을 표시하는 "그 수는 어떤 사람을 가리키는데, 그 수는 육백육십육"(계 13:18, 표준새번역)이라고 했다. 따라서 바코드나, 컴퓨터나, 생체칩이나, 코로나 백신은 '사람을 지칭하는 것'이 아니라 '사물을 지칭하는 것'이기 때문에 666일 될 수 없다.

고대의 숫자와 사람, 장소, 사물, 문화 등의 사이에 숨겨진 의미와 연관성을 연구하는 것을 수비학(數祕學, numerology)이라고 한다. BCE 3세기 이후 헬레니즘 문명의 영향 속에서 히브리인의 숫자 표현 방식에 변화가 생겼다. 알파벳 순서를 수의 기호로 사용하는 헬레니즘 방식에 따라 유대인들도 히브리 자음 순서로 수의 기호를 표현했다. 이러한 수비학의 대표적인 사례가 666이다.

유대인들은 이러한 수비학적 해석을 게마트리아(Gematria)라 하였다. 예를 들면, 알파(A)=1, 베타(B)=2, 감마(Γ)=3,… 에타(H)=8, 테타(θ)=9, 아이오타(I)=10, 카파(K)=20, 람다(Λ)= 30, 뮤(M)=40, 뉴(N)=50… 로(P)=100, 시그마(Σ)=200, 타우(T)=300… 오

메가 (Ω)=800 등으로 매겨진다. 이런 식으로 하면 아멘(AMHN=
1+40+8+50)은 숫자 99가 되는 것이다.

독일신학자 베너리(Ferdinand Benary)가 1841년 베를린대학
강좌에서, 666은 '네론 카이사르'라고 주장하였다. 네론 카이사르
(Neron Kaisar)의 히브리어 자음(קסר נרון)에 수를 대입하여·모두 합
하면 수비학적으로 666이 되기 때문이다.[103]

נ(N)=50 ר(R)=200 ן(O)=6 נ(N)=50 ק(K)=100 ס(S)=60 ר
(R)=200

이러한 주장은 666과 관련된 상적인 언어를 분석하면 일목요
연하게 드러난다. 요한은 도미티아누스 황제 때에 박해받아 밧모
섬으로 도피 중 요한계시록을 쓴 것이다. 그래서 대놓고 네로 같
은 박해자 도미티아누스라고 할 수 없으니까 수비학적 상징과 저
항적인 표현으로 666으로 부른 것이다. 도미티아누스 황제는 네
로 같은 박해자이기 때문에, 네로 황제를 지칭하는 '666'이고 두
번째 박해자이기 때문에 '두 번째 짐승'이지만, 그 수는 사람이 수
라고 하였다. 그래서 "총명 있는 자는 그 짐승의 수를 세어 보라
그 수는 사람의 수니 육백육십육이다"(계 13:18)라고 한 것이다.

이 두 번째 짐승과 관련하여 계 17:11에는 "시방 없어진 짐승은
여덟째 왕이니 일곱 중에 속한 자"라고 하였다. 이는 로마의 역대

R. Niebuhr/김승국 역, 『맑스 엥겔스의 종교론』 (서울: 아침, 1988), 164-167.

제3장 _ 한국의 사이비 · 이단 단체의 사회적 역기능 사례 | 167

황제를 지칭하는데 초대 황제가 아우구스투스(Augustus)이고, 5대 황제가 네로(Neron Kaisar)이고, 11대(성경에선 8번째라 씀)가 도미티아누스(Domitianus)다.

당시의 대다수 기독교인은 '666'이 지칭하는 사람은 두 번째 짐승인 제2의 박해자, 네로 같은 놈 그리고 '시방 없어진 짐승인 여덟째 왕'이라 하면 당시의 악명 높은 도미티아누스 황제라는 것이 자명하였다.

이러한 주장은 도미티아누스 황제가 황제 신상 분향과 참배를 강요한 역사적 배경과 일치한다. 로마제국은 '한 제국, 한 종교, 한 황제'라는 통치 이념에 따라 황제를 신으로 여겨 황제의 신상(神像)에 1년에 한 번 이상 의무적으로 분향하고 참배하는 것을 로마 시민의 의무로 강요하였다. 마치 일제가 신사참배를 강요한 것과 같다. 그리고 황제 신상 분향과 참배의 의무를 행한 사람들에게만 황제의 공식적인 인장이 찍힌 표(charagma)를 증명서로 배부하였고, 이 표를 휴대하지 않은 자들을 처형하기도 했고, 소지한 자들만 물건을 사고 팔 수 있도록 상거래를 제한하기도 하였다. 당시의 신실한 기독교인들은 황제의 신상에 절하고 '짐승의 표'(charagma)를 받는 것을 우상 숭배로 여겼기 때문에 이를 거부하여 많은 순교자와 배교자가 속출하였다. 유신 시절에 '박통'하면 누구나 박정희 대통령인 것으로 알아들었듯이, 당시의 박해 받던 신실한 기독교인들 사이에서는 '666'이 누구를 뜻하는지 다 알고 있는 상식이었을 것이다.

'오른손과 이마'(계 13:16)에 666의 표를 받았다고 표현한 것은 유대인들이 전통적으로 사용해 온 기도의 띠인 테필린(Thephilin)을 '오른손과 이마'에 붙여 표로 삼아왔기(신 6:8) 때문이다. 로마 황제의 인장이 찍힌 우상 숭배의 표, '짐승의 표'를 받은 것을 '한 분 하나님만 사랑'(신 6:3)하기 위해 오른손과 이마에 감았던 '셰마의 표'와 대조하기 위한 표현인 것이다.

그러나 이러한 성서의 역사적 배경에 대해 무지한 이들은 666을 다양하게 주장하여 왔다. 구원파와 다미선교회 등 여러 이단 사이비 단체에서 성경의 666을 컴퓨터라 주장했다. 컴퓨터의 각 단어를 수치로 치환하면 111이 되는데 여기에 6을 곱하면 666이 되고, 인터넷의 경우 인터넷의 경우는 알파벳 역순(Z=6, Y=12, X=18,… A=156)으로 숫자를 대입하여 계산하면 666이 된다. 다음과 같다.

Computer: $3 + 15 + 13 + 16 + 21 + 20 = 5 + 18 = 111 \times 6 = 666$

Internet: $108 + 78 + 42 + 132 + 54 + 78 + 132 + 42 = 666$

위의 방식으로 계산하면 아돌프 히틀러(Adolf Hitler)나 종교개혁자 존 녹스(John Knox)도 공교롭게도 666이 된다. 모두가 우연의 일치이긴 하지만.

초기의 바코드는 코드 인식을 위한 가이드 바를 왼쪽, 가운데, 오른쪽에 만들어 두었는데 이 세 줄은 길이가 길어서 금방 구분되고, 이는 숫자 6에 해당하는 코드이기에 666이라 불리게 되었다. 상품에 바코드가 붙게 되자, 요한계시록의 오른손과 이마에 '짐승의 표'를 받은 자만이 매매할 수 있다는 구절(계 13:15-16)과 관련시켜 바코드를 짐승의 표인 666이라는 주장이 나오게 된 것이다.[104]

'거짓의 아비인 사탄'(요 8:44)의 거짓된 음모론에 빠져 666을 바코드, 컴퓨터, 생체칩이라 주장했다가, 이제는 코로나19 백신이라고 주장하는 것이다. 심히 경계할 일이다.

X. 결론

사이비·이단 단체의 사회적 역기능의 원인은 그들의 왜곡되고 거짓된 교리에서 비롯되었다는 것을 살펴보았다. 통일교의 문선명의 피가름 교리 및 축복 결혼의 삼일 행사 교리, 다미선교회 이장림의 휴거 교리, 정명석의 애천교회의 애인 교리, 구원파 유병언의 헌금으로 사업을 하는 것이 '성도의 교제'라는 교리, 은혜로교회의 신옥주의 피지 교리 및 타작 마당 교리 등이 그 대표적인 사례다.

무엇보다도 영세교의 교주 최태민·최순실 부녀와 박근혜의 종교적 의존 관계에서 드러나듯이 사이비 종교는 개인과 가정의 파탄뿐 아니라, 러시아의 괴승 라스푸틴과 로마노프 왕조 몰락에서 보듯이 국정을 농단할 수 있다. 그리고 구원파의 유병언이 관련된 오대양 집단 자살 사건과 세월호 침몰 사건처럼 많은 인명을 희생시켰고, 신천지 대구교회와 사랑제일교회의 광화문 집회의 코로

---

104 허호익, "666은 컴퓨터이고 바코드는 '짐승의 표'인가 ― 그 오해와 진실,"「현대종교」(2007. 2.), 135-141.

나19 집단 확산 재발 사태처럼 사회를 엄청난 위험에 노출시키기도 한다.

따라서 교리 자체가 사회적 역기능을 구비하고 있는 이러한 반사회적인 사이비·이단 단체를 헌법 20조의 '종교의 자유'라는 미명에 더 이상 방치할 수 없다. 서울시는 3월 26일 신천지가 정부의 방역 활동을 방해하는 지시를 내려 국민의 생명과 안전을 심각하게 침해했으며, "종교의 자유를 벗어난 반사회적 단체"라고 사단법인 설립을 취소한 것처럼, 적어도 다음 두 사례에 해당하는 사이비·이단 단체는 종교의 자유를 무한히 누릴 수 없도록 국가가 법령을 통해 강제력을 행사할 수 있어야 한다.

첫째는 외부인에게 공식적인 정례 종교의식을 개방하지 않는 종교 단체는 밀교에 해당하므로 종교의 자유를 제한하여야 한다. 종교는 크게 현교와 밀교로 나눈다. 현교(顯敎)는 공개된 종교라는 뜻이다. 교리, 제도, 의식이 공개되어 있고, 민주적 운영과 재정관리 투명성이 확보되어 있는 종교이다. 외부인에게 공(公)예배를 공개하기 때문에 누구라도 정례적인 공예배에 참석할 수 있다.

밀교(密敎)는 비밀 종교라는 뜻이며, 교리, 제도, 의식 비공개되거나 이중적이다. 의사결정이 비민주적으로 재정 관리가 공개되어 있지 않으며 교주의 독재가 전형적이기에 사이비·이단 단체에 해당한다. 무엇보다도 일정한 교육을 받은 내부인 외에는 정례적인 공(公)예배에 외부인들은 출입이 통제되어 있다. 신천지의 교회에 경우 등록하여 예배에 참석하려면 최소한 복음방 1개월, 신학원 6개월, 새신자 교육 1개월을 수료하여 신천지 신도임을 증명하는 ID카드를 받아야 한다. 신천지 교회 입구에서는 이 카드를 출입을 체크하고 예배 출석 여부를 통제한다. 공예배를 비공개로 하는 사이비, 이단 단체에 대해서는 종교 활동을 제한하는 법제화가 필요하다.

둘째로 위에서 언급한 여러 사이비·이단 단체의 사회적 역기능 사례에서 공통으로 확인된 것처럼, 이들 단체의 궁극적인 목적은 혹세무민하여 헌금을 갈취하는 것이다. 그 피해가 재발하지 않도록 더욱 실제적인 법적 조치가 마련되어야 한다. 일본의 경우 통일교 등 사교가 신앙을 빙자하는 값싼 물건을 비싸게 강매하는 경우로 인한 피해가 너무 크므로 인장, 도자기, 인삼, 홍삼 엑기스, 다보탑과 같은 관련 공예품 등이 심신 건강과 영혼 구원에 도움이 된다고 판매할 경우 사기죄에 해당한다는 영감상법(靈感商法, spiritual sales)을 제정하여 시행한다. 이 법에 따라 협박 등 비정상적인 방법에 의해 유도된 헌금·기부금에 대한 피해자의 반환 청구권 인정하였다. 2008년 기준 20년 동안 피해액이 1,024억 4,720만 엔을 보상받았고, 2008년 3월 6일 영감상법 관련 사건 가운데 최고액이 2억 3,000만 엔의 화해 결정이 이루어지기도 하였다. 그리고 개인의 의사와 무관하게 교주 문선명의 지시에 의한 합동 결혼의 효력을 법적으로 무효화한 판례도 있다.

따라서 우리나라에서도 밀교적 성격이 농후한 사이비·이단 단체를 불허하는 것과 영감상법과 같은 입법이 이루어져야 최근 우리 사회가 겪은 사이비·이단 단체나 사교(邪教)로 인한 엄청난 사회적 피해를 사전에 막을 수 있을 것이다.

제 4 장
사이비·이단 집단의 사회적 역기능에 대한 종합적 대처 방안

정종훈*

I. 서론

2019년 12월 말 중국 후베이성 우한시에서 최초로 코로나19 가 발생했다. 우리나라에서는 2020년 1월 20일 중국 국적의 여성이 첫 확진자로 확인되었다. 그 후 대구 경북 지역에서 신천지 신도들을 중심으로 1차 대유행이 있었고, 서울 성북구 사랑제일교회 교인들과 광복절 집회에 참가한 사람들 중심으로 2차 대유행이 있었다. 그리고 2020년 겨울의 초입인 11월 중순 이후 3차 대유행으로 이어졌다. 그러나 우리나라는 방역시스템을 비교적 잘 운영하고 있어 세계 모든 나라로부터 모범적으로 대처한 국가로

---

* 연세대학교 교수, 기독교윤리 전공, 한국기독교윤리학회 회장 역임

서 인정받고 있다. 만약 우리나라가 31번 확진 환자로 밝혀진 대구 지역의 신천지 신도 이전의 30번 확진 환자로 그쳤다면, 아마도 코로나19 대처에서 경이적인 역사를 썼을 것으로 사료된다. 하지만 31번 확진 환자는 신천지 신도들 간에 빈번히 접촉하며 확산시켰을 뿐 아니라 신천지 신도들의 집회 특성상 집단감염 1차 대유행의 시초가 되었기에 안타까움이 매우 크다.

31번 확진 환자는 자신의 동선(動線)을 감춤으로써 방역 당국을 혼란에 빠뜨렸고, 대구 지역 신천지 관계자들은 집회에 참석한 신천지 신도들과 대구지파에 속한 신천지 신도들의 명단 제출을 거부하거나 의도적으로 축소함으로써 코로나19를 확산시키는데 주요한 창구가 되었다. 2019년 11월 20일 한국교회 100주년 기념관 4층에서 진행된 '신천지 종교사기 행각과 정부의 대책 마련을 위한 기자회견'에서 신현욱 목사는 신천지의 비신자 포교 비율이 상승하고 있다는 것, 해외 포교에도 집중하고 있다는 것, 포교 방법이 더욱 교묘하며 다양해지고 있다는 것, 위장 교회를 세워서 포교를 확산하고 있다는 것을 중심으로 신천지의 동향과 현실을 분석했다.[1] 어찌 되었건 세계적인 재난 코로나19 사태를 통해서 한국교회와 시민사회가 신천지를 비롯한 사이비·이단 집단들이 어떤 문제를 야기하고 있는지 깊이 인식하며 경각심을 갖게 된 것은 그나마 다행이라 할 수 있다.

코로나19 이후 정체가 여실히 드러나기 시작한 신천지에 대해

1 김정수, "세이협, 종교 사기 조직에 대한 정부의 강력한 대책 마련 촉구," 「현대종교」 530 (2020. 1.), 124.

서 사회적인 지탄의 목소리가 매우 컸다.[2] 시민들은 신천지의 강제 해산과 대표자 이만희의 구속 수사를 청와대에 촉구했고, 청와대는 사안의 중대함을 인식해서 관련 법률을 위반했는지 면밀하게 조사했으며, 그 후에 검찰은 신천지 교주 이만희를 구속했다. 서울특별시와 대구시, 경기도 등의 지자체는 신천지 측의 신도 명단 제출 지연, 고의 누락, 폐쇄된 신천지 시설 방역 활동의 방해로 인한 감염병예방법의 위반을 이유로 신천지 집단과 해당 신도들을 수사기관에 고발했다. 서울특별시는 신천지 유관 단체인 사단법인 하늘문화세계평화광복(HWPL)에 대한 강도 높은 행정조사를 거쳐 설립 목적과 실제 운영이 일치하지 않는다는 이유로 법인의 설립 허가를 취소했고, 국세청은 허위 기부금 영수증 발급으로 인한 탈세 의혹과 건축헌금 및 각종 헌금에 대한 횡령과 배임 등을 이유로 신천지에 대한 특별 세무조사를 한 바 있다.

우리 한국의 근·현대사를 보면, 일본 제국주의에 의한 억압과 수탈의 식민지 역사, 제2차 세계대전의 종전과 함께 갑작스레 찾아온 해방, 자본주의와 공산주의 사이의 대리전처럼 치른 동족 간의 한국전쟁, 이승만 정권의 삼선개헌과 4·19 혁명, 5·16 군사 쿠데타와 독재 군사정권의 폭력 등 혼란한 역사를 거치는 동안 자생적으로 생성된 적지 않은 사이비·이단 집단들이 교회와 시민사회를 미혹해 왔다. 사이비·이단 집단들은 단지 신앙과 교리적인 차원의 문제에 머물지 않고, 누군가의 정상적인 삶을 왜곡하거나

---

2 특별취재팀, "코로나19와 이후의 신천지 동향," 「현대종교」 535 (2020. 6.), 50.

파괴하는 사회적인 문제로 비화된다는 점에서 간과할 수 없는 악의 문제이다.[3] 우리나라의 최대 종교인 개신교 인구는 전체 국민의 20%에 육박한다고 하지만, 그 가운데 100만 명 이상을 개신교와 관련된 사이비·이단 집단들의 신도들로 예상한다면, 이제라도 우리는 개신교를 배경으로 한 사이비·이단 집단들이 야기하는 사회적인 역기능이 무엇인지를 제대로 규명하고, 그에 대해서 대처할 종합적인 방안을 강구해야 할 때라고 생각한다.

II. 사이비·이단 집단이 야기하는 사회적인 역기능들

이단에 대해서 영향력 있는 책들을 저술하고, 대한예수교장로회통합 이단 사이비대책위원회 전문위원을 역임한 이단 전문가 허호익 교수는 "사이비는 교리를 어기고 일탈적 행위를 한 것에 대한 윤리적, 도덕적 판단이 아니라, 반사회적이고 비윤리적 행위 자체를 정당화하는 거짓된 교리를 기준으로 판단해야"[4]함을 제안하고 있다. 왜냐하면 정통 교회에 속한 목회자나 신자들 역시 비윤리적이고 반사회적인 범죄를 저지르지만, 그 경우에는 사이비라 하지 않고 윤리적인 일탈이라 말하기 때문이다. 정동섭 교수는 사교 이단 집단의 공통된 사회학적 특징을 권위주의, (죄의식 및 공포심에 의한) 심리적 조종, 과거 특히 가족과의 관계 단절, (음식, 수

---

3 탁지일, 『이단이 알고 싶다』 (서울: 넥서스, 2020), 4.
4 허호익, 『이단은 왜 이단인가』 (서울: 동연, 2016), 142.

면등) 감각 박탈, 정서적 및 성경적 문제 유발, 이례적 헌신과 열심, 공동생활 양식, 과대망상적인 편집증 또는 박해망상, 신체적 폭력이나 위협, 가족적 표상이나 인간의 성적 관심의 왜곡(박탈이나 과용), 정통 기독교에 대한 적대감, 자율적인 사고를 못하게 함, 사기와 속임수 등이라 제시하면서, 문제성 있는 이단 종교의 폐해는 이러한 특징이 낳은 결과라고 지적한다.[5]

역시 이단 전문가인 박형택 목사는 이단 사이비 종교의 특성 가운데 사회적인 특성으로 기성 교회를 비방하면서 부패하고 썩은 해악적인 존재로 선전한다는 것, 반사회적인 요소를 형성하여 현실도피를 조장한다는 것, 자신들의 유익을 위해서 사회질서를 파괴하고 가정을 파괴하고 사회불안을 조성한다는 것, 간음, 폭행, 감금, 살인, 재산 갈취, 의료법 위반, 암매장, 외환관리법 위반 등 비윤리적이고 반도덕적인 요소가 대부분이라는 것, 그 목적이 교회나 선도에 있지 않고 돈과 섹스와 착취를 목적으로 한다는 것 등을 나열하고 있다.[6] 이처럼 이단 또는 이단 사이비의 문제를 다룸에 있어서 혹자는 교리의 본질적인 차이에 초점을 두고서 '이단' 문제로서, 혹자는 이단 교리에서 비롯된 반사회적이고 비윤리적인 행위에 초점을 두고서 '이단·사이비' 문제로서 다루고 있다. 그러나 필자는 교리가 (정통 교단과) 본질적으로 다른 이단인 동시에 그 교리로 인해서 반사회적, 비윤리적, 반문화적이고, 반지성적이며, 비합리적인 문제를 야기하는 집단이라는 점에서 '사이

---

5 정동섭, "문제성 종교의 폐해와 그 극복방안," 「교육교회」 (2001. 4.), 11.
6 박형택, 『이단상담학 개론』 (서울: 대림문화사, 2017), 76.

비·이단' 또는 '사이비·이단 집단'이라 명명하고 본 논제를 다루고자 한다.

이제 우리는 사이비·이단 집단이 드러내는 사회적인 역기능과 관련하여 사회를 구성하는 개인과 가정의 차원에서, 사회를 구성하는 신앙공동체인 교회의 차원에서 그리고 민주사회의 확장인 국가의 차원에서 각각 개괄적으로 살펴보고자 한다.

첫째는, 사회를 구성하는 최소 단위인 개인에 대한 역기능이다. 사이비·이단 집단들이 개인을 미혹하는 과정은 대동소이하다.7 설문조사나 길거리 캐스팅, 심리테스트나 강의를 대신 수강하는 알바 등을 통해서 의도적인 접촉을 시도한다. 접촉을 통해서 연락처가 공유되면, 함께 지내면서 공감해주고, 어려운 일을 도와주고, 원하는 것을 충족시켜주고, 친밀감을 도모하고, 다단계 형태의 성취감을 얻게 하고, 그렇게 해서 신뢰 관계를 형성한다. 어느 정도 신뢰 관계가 형성되었다 싶으면 본격적으로 비유 풀이나 짜깁기식의 성경 해석, 사이비·이단 교리의 지속적인 주입을 통해서 사이비·이단 신도가 되도록 세뇌한다. 드디어 신도가 되면, 그때부터는 노골적으로 생각과 감정과 행동을 통제하고, 각종 미디어나 언론, 책을 통한 바른 정보에 이르지 못하도록 정보를 통제한다. 이즈음 되면 명령과 복종의 강제적인 시스템 속에서 사이비·이단 집단의 교주나 고위층에 의해서 전적으로 조종당하게 되는 것이다.

---

7 박형택, 『이단상담학 개론』, 67-75.

사이비·이단 집단들은 그들의 통제와 조정 아래 있는 신도들을 포교 활동이나 운영하는 사업에 전념하도록 하기 위해서 대개는 시한부종말론으로 위기의식을 조장하며, 기존의 가정생활이나 학교생활 또는 직장생활을 포기하도록 종용한다. 신천지의 경우에는 신도들의 이탈을 막기 위해서 세뇌와 통제, 조종을 강화하는 한편, 이탈하려 하거나 피해자 모임에 가담하는 신도들에 대해서는 미행하면서 밀착 감시하고, 각종 공갈과 협박과 폭행을 주저하지 않으며, 심지어는 허위 고소를 교사하고 실행하면서 인권 유린을 자행한다.[8] 대학 캠퍼스에서 활동하는 사이비·이단 집단들은 주로 봉사 동아리나 어학 동아리 등으로 위장하여 공개적인 활동을 전개하고, 공식적인 동아리로 등록하지 못한 경우에는 강의실이나 모이기 좋은 옥외 공간 또는 카페 등에서 은밀한 모임을 운영한다. 그들은 친구 전도 집회나 종교적인 색채를 띠지 않는 교양, 친교적인 모임을 통해서 접촉과 포교의 기회를 만들고 있고, 신도인 학생들이 기존 동아리나 각종 단체에 자기 정체를 숨기고 들어가서 자기 집단을 확장하도록 사주하고 있다.[9]

이처럼 사이비·이단 집단들, 특히 신천지나 JMS 같은 사이비·이단 집단의 개인에 대한 역기능은 사람과 사람 사이의 신뢰 속에서 이루어져야 하는 진솔한 인격적인 관계를 그루밍(Grooming)

---

8 엄승욱, "사기집단 신천지의 반국가적 범죄행위 수사촉구,"「교회와 신앙」(2013. 11. 18.)
9 김남일, "캠퍼스 이단과 기독교대학의 대처에 관한 연구,"「대학과 선교」31 (2016. 8.), 296-301.

으로써 왜곡하는 것이다. 거짓과 기만의 모략을 포교의 미명 아래 일상화하고, 양심을 화인(火印) 받게 해서 무감각하도록 만드는 것이다. 그리고 구원받은 소수의 무리에 머물러 있거나 구원받은 자의 확신을 갖도록 신도들 간에 무한한 경쟁을 자극하는 것이다. 또한 가정이나 학교 또는 직장에서의 정상적인 삶을 부정하게 하고, 사이비·이단 집단 내에서 이루어지는 비정상적인 삶을 정상적인 삶처럼 위장하는 것이다. 그래서 사람을 사귀든지, 어떤 모임이나 종교집회에 참석하든지, 동아리에 가입하든지 인간이라면 자연스럽게 맺게 되는 모든 관계에 대해서 먼저 의심하게 하고, 그렇지 않으면 문제가 될 수 있다는 두려움과 긴장 속에서 살게 하는 것이야말로 가장 큰 역기능 가운데 하나이다.

둘째는, 사회를 건강하게 하는 기초인 가정에 대한 역기능이다. 인간은 사회적인 존재이고, 사회적인 존재로서의 삶을 가정에서 훈련한다. 가정에서 사랑을 많이 받았으면, 사회에서 사랑을 나누며 좋은 관계로 살게 되지만, 가정에서 사랑의 경험이 결핍되면, 사회에서 다른 사람들과 좋은 관계의 삶을 사는 것이 쉽지 않다. 사이비·이단 집단들은 하나님의 창조 질서이고 복의 산물인 가정을 자기 집단을 위한 도구로 삼거나, 신앙을 위해서 무시하도록 강요하는 경향이 있다. 무엇보다 자기 집단을 종교적으로 인정하지 않거나 신도로서 생활을 방해하는 가족이 있으면, 배우자라 하더라도 이혼을 종용하고, 부모와 자식 관계라 할지라도 안면을 몰수하게 만든다. 신천지에 빠진 딸이 신천지를 반대하는 가정에서 가출하고, 집으로 돌아오기를 고대하는 친어머니에게 아줌마라고 호칭하는 반인륜적인 사례도 있다. 신천지에 빠진 아내들이 설득하는 남편들을 가정폭력범으로 신고하고, 신변 보호나 접근금지를 요청한 후에는 이혼 절차를 밟게 하는 경우들도 빈번히 있다.[10]

성관계(Sexual Relationship)란 사랑하는 부부가 배타적인 사랑을 누리는 과정으로 하나님의 거룩한 선물이다. 아무리 상호 동의하에 이루어진 성인 간의 성관계라 할지라도 부부관계 밖에서 이루어지는 성관계는 추하고 죄된 것이며, 형사법으로 더 이상 문제 삼지 않는 시대가 되었다고 할지라도 진실한 사랑을 왜곡하는 행위임에는 틀림이 없다. 사이비·이단 집단들 가운데는 음란을 교리로 미화하는 집단들, 특히 통일교와 JMS 같은 집단들이 적지 않다. 창세기의 선악과 사건을 타락한 천사와 하와의 성관계라고 이해하면서 죄된 인간은 죄가 없는 교주와 영체 합일할 때 구원에 이른다고 주장한다.[11] 그리고 교주와의 성관계를 통해서 영체 합일하여 구원받은 신도들에게는 같은 방식으로 구원을 확산할 수 있는 가능성을 열어둔다. 이 때문에 교주에 의한 성추행과 성폭력의 사건이 다반사로 일어나고, 신도들의 비윤리적인 성관계조차 포교를 위한 수단이라며 신앙적인 합리화를 도모한다.

이처럼 사이비·이단 집단들의 가정에 대한 역기능은 무엇보다 하나님의 창조 질서로서 가정을 파괴하는 데 있다. 그들은 가족의

---

10 "코로나19 확산으로 신천지 정체 드러났지만… '정작 신천지 빠진 내 아이는 연락 끊겼다'," 「뉴스앤조이」 (2020. 4. 3.),
　　https://www.newsnjoy.or.kr/news/articleView.html?idxno=300500.
11 허호익, 『이단은 왜 이단인가』 (서울: 동연, 2016), 176-184.

구원을 위해서 신앙을 지켜야 하고, 신앙을 지키기 위해서 가정을 탈출해야 하고, 필요하면 가족과의 관계라도 단절해야 한다고 주장함으로써 인간의 최소한의 도리인 인륜(人倫)을 저버리게 한다. 게다가 거룩한 것으로 구별되어야 하는 성관계를 구원의 도구로 왜곡함으로써 성과 함께 인권까지 유린하는 것이다. 심지어 이상적인 가정을 강조하는 사이비·이단 집단들의 경우에는 그들만의 배타적인 교리에 근거해서 행복한 가정을 운운하지만, 이미 조성된 행복한 가정을 깨뜨릴 뿐 아니라 그들 집단의 사리사욕을 채우는 도구로 사용하며, 신성한 결혼제도조차 자신들의 세력을 확장하거나 신도들을 통제하는 수단으로 악용하고 있는 것이다.[12]

셋째는, 사회를 부분적으로 구성하는 신앙공동체인 교회에 대한 역기능이다. 대부분의 사이비·이단 집단들은 정통 교회의 교리와 제도 또는 목회자 관련해서 무조건 비판한다. 기성 교회에는 구원이 없고, 자기들의 교회(집단)에만 구원이 있다고 주장한다. 신앙의 비본질적인 것을 본질적인 것으로 왜곡하고, 자기들과 다른 교회에 대해서는 마귀의 집단이라고 정죄하며, "하나의 거룩하고 보편적이며 사도적인 교회를 믿는다"는 콘스탄티노플 신조의 공적인 신앙고백을 부정한다.[13] 신천지는 기성 교회에 침투하여 기성 교회 교인들을 빼내려 하거나 기성 교회 전체를 통째로 접수하기 위해 거짓과 기만의 모략을 발휘한다. 이를 위해 신천지가 관심을 갖는 교회는 원로목사와 후임 목사 간에 갈등이 있는 교회,

---

12 탁지일, 『교회와 이단』 (서울: 두란노서원, 2016), 205.
13 허호익, 『이단은 왜 이단인가』 (서울: 동연, 2016), 128.

담임목사와 장로 간에 갈등이 있는 교회, 담임목사의 비리가 드러
난 교회, 예배당 이전이나 신축 또는 리모델링 등으로 인해서 어
수선한 교회, 사이비 · 이단 관련해서 예방 세미나, 특강 등을 하지
않는 교회, 담임목사가 특히 신천지에 대해서 무지하게 둔감한 교
회라고 한다.14

　사이비 · 이단 집단들 대개는 교계에서 유명한 목회자의 성 스
캔들이나 교회 세습 등의 윤리적인 문제들을 공공연히 드러내어
비방하거나, 교회의 약점을 확대하여 해석함으로써 교인이든 일
반 시민이든 정통 교회에 대해서 회의를 갖도록 조장한다. 그리고
목회자나 다른 교인들과 관계가 원만치 않아서 불평불만을 토로
하는 교인들을 대상으로 접근해서, 친밀한 관계를 형성한 후에 기
성 교회에서 이탈하도록 조장한다. 우리 주변의 정통 교회나 정상
적인 종교라면, 다른 교회나 다른 종교에 대해서 존중하고 대화하
며 보편 선을 이루고자 서로 협력하려는 것이 보통이다.15 그러나
사이비 · 이단 집단들은 다른 교회나 다른 종교에 대해서 적대적이
거나 배타적이고, 증오심을 유발하도록 하며, 그들에게서 공존과
환대의 덕목이나 평화와 보편 선을 위한 협력의 덕목을 찾아내기
란 어렵다.

　이처럼 사이비 · 이단 집단들의 교회에 대한 주요한 역기능은
사람들에게 무엇이 진짜 교회이고, 무엇이 가짜 교회인지 혼란스

---

14 허호익,『한국의 이단 기독교』(서울: 동연, 2016), 306.

15 임웅기, "한국 개신교계 신종교의 윤리성에 대한 비판적 접근," (전남대학교 석사
　　학위논문, 2008), 96.

럽게 만드는 데 있다.16 신앙공동체의 본질적인 사명과 책임에 상관없이 기성 교회에 대해서는 무조건 비판하고, 자기 집단에 대해서는 수단과 방법을 가리지 않고 옹호하며 미화하기 때문이다. 세상에 존재하는 교회치고 흠이 없는 교회를 찾는 것은 쉽지 않다. 하지만 사이비·이단 집단들은 어느 정통 교회 하나의 작은 흠이 발견되기라도 하면, 정통 교회 전체의 오류인 것처럼 침소봉대한다. 또한 그들은 교주를 신격화하거나 재림 예수처럼 포장하고, 성경에 대해서는 필요한 부분만 선택하여 아전인수격으로 해석하며, 직통 계시를 주장하거나 잘못된 구원관을 제시함으로써 정통 교회의 교리를 철저히 왜곡한다.17 그들은 하나님의 교회를 끊임없이 무너뜨리고 있는데, 이것이야말로 교회에 대한 가장 큰 역기능이다.

넷째는, 민주사회의 확장인 국가에 대한 역기능이다. 사이비·이단 집단들은 교주를 정점으로 하는 상명하달의 구조를 구축하고 있다. 교주는 자신의 집단을 경영하고 운영하는데 필요한 행정권, 집단을 유지하고 운영하는 비용이나 동산, 부동산 구입 비용을 결재하는 재정권, 신도들의 활동과 조직 운영의 잘잘못을 묻는 치리권, 집단의 각종 직분자를 임명하는 인사권 등을 독점하고 있다. 교주는 자신의 결정에 대해서 누구도 이의 제기할 수 없는 비민주적인 권력의 정점에 있다.18 게다가 최측근을 감찰요원으로

---

16 이신호, "교회를 건강하게 만드는 목회적 실천으로서 '이단대처교육교재' 개발연구," (장로회신학대학교 박사학위논문, 2020), 130.

17 허호익, 『이단은 왜 이단인가』 (서울: 동연, 2016), 103-141.

18 임웅기, "한국 개신교계 신종교의 윤리성에 대한 비판적 접근," 79.

두고서 신도들이나 고위 직분자에 대해 암행 감찰을 하며, 조금이라도 반기를 들 가능성이 포착되면 미리 차단하는 신속성을 발휘한다. 이처럼 사이비·이단 집단의 교주들은 비민주적인 독재자가 정치 영역에서 휘두르는 절대 권력 못지않은 권력을 행세하며, 민주사회와 민주국가의 근간이라 할 수 있는 민주적인 가치와 절차를 뿌리째 흔들고 있다.

사이비·이단 집단들 가운데 부정한 정치세력과 연루된 집단도 적지 않다. 정치적 정통성이 취약했던 군사독재정권은 자기 정권의 지지자들이 필요했고, 종교적 정통성이 부재했던 사이비·이단 집단들은 자신들을 보호해줄 정치적인 세력이 필요했기에, 서로의 필요를 충족시켜주면서 부적절한 공존을 해왔기 때문이다.[19] 사이비·이단 집단 JMS의 교주가 부녀자 성추행과 성폭력 사건으로 수사를 받던 시절에 국정원 직원과 현직 검사까지 그 교주를 비호했던 것이나, 그 집단으로부터 피해를 입은 사람들의 모임에 속한 회원들의 출입국 자료를 무단으로 열람해서 누설했던 것 등은 작은 사례에 지나지 않는다.[20] 그뿐 아니라 사이비·이단 집단 신천지는 자기 집단에 대해서 이단이라 명명하거나 자기 집단의 비리를 드러내는 인사나 언론에 대해서는 무분별한 법적 소송을 제기하면서 국가의 법질서를 혼란케 하고 있다. 일단 법적 송사에 휘말리면 옳고 그름에 상관없이 불필요한 에너지를 소모해야 하는 현실이기 때문에 관련자들을 소극적으로 만드는 위협효과가

19 탁지일, 『이단이 알고 싶다』 (서울: 넥서스, 2020), 21, 32-38.
20 탁지일, 『교회와 이단』 (서울: 두란노서원, 2016), 138.

있기 때문이다.

요즈음 사이비·이단 집단들은 국내에서만 활동하는 것이 아니라 해외에서도 활발하게 활동하고 있다. 일단은 세계 평화나 사회 봉사를 운운하면서 접근하지만,[21] 실제 관심은 자기 집단의 세력을 확장하기 위함이다. 특히 가난한 국가들의 경우에는 당장 경제적인 지원을 받고, 정치 권력자와 내밀한 연결이 있어 환영하지만,[22] 언제 사이비·이단 집단들이 자기 속내를 드러낼지 아찔해 진다. 또 그 경우에는 우리나라의 국격을 크게 손상시킬 것이 분명하다. 이처럼 사이비·이단 집단들의 국가에 대한 역기능은 민주시민들에 대해서 혹세무민하는 것, 미래의 주역이 될 젊은이들의 인생을 무기력하게 만드는 것, 법적인 고소 고발을 남발함으로써 사회적으로 불필요한 행정력과 과대한 비용 소모를 초래하게 하는 것, 사회적인 불신 풍조를 조장하고 공동체성을 파괴하는 것, 해외선교의 미명 아래 현지 주민과 한국인 디아스포라를 미혹하고, 국가의 품격이나 위신을 추락시키는 것 등을 꼽을 수 있다.

III. 개인, 가정 차원의 대처 방안

그리스도인 한 사람 한 사람이 건강한 신앙인으로서 바른 신앙

---

21 탁지웅, "일본 동경의 신천지 현황," 「현대종교」 534 (2020. 5.), 106-114.
22 조민기, "기쁜소식선교회 마인드교육으로 세계화 진출 주의," 「현대종교」 531 (2020. 2.), 94-99.

관을 갖고 있다면, 아무리 사이비·이단 집단들이 활개를 친다고 할지라도 요동하지 않을 것이다. 그리스도인 가정이 신앙의 가정으로 확고히 서서 하나님의 은혜 가운데 행복한 가정을 이루며 산다면, 설사 사이비·이단 집단이 접근할지라도 능히 물리칠 수 있을 것이다. 그러나 개인이나 가정의 신앙이 바로 서지 못할 때, 사이비·이단 집단들은 언제라도 그 틈을 비집고 들어와 혼란하도록 만든다. 이제 우리는 사악한 사이비·이단 집단들에 대처하기 위해서 그리스도인 개인과 가정이 무엇을 해야 할지 그 방안을 찾아보고자 한다.

우선 그리스도인들은 아무 교회나 친소 관계로 선택하지 말고, 지역에 있는 몇몇 교회를 차례로 순례한 후에 자신의 신앙 성숙에 도움을 줄 수 있는 마음에 맞는 교회를 선택하는 지혜가 필요하다. 사이비·이단의 집단들과 그 신도들은 출석하는 교회의 목회자와 관계가 좋지 않은 사람, 목회자를 불신하거나 목회자에 대해서 불평을 서슴지 않는 사람, 교회의 일들에 대해서 매사 불만으로 가득 차 있는 사람, 십일조나 건축헌금 등 교회 재정과 관련해서 시험에 들어있는 사람들을 주로 미혹의 대상으로 삼고 있기 때문이다.[23] 그러므로 그리스도인들은 그럴 가능성이 있는 교회를 사전에 배제하고, 자신의 신앙과 삶을 도전하며 풍성한 삶으로 이끌 만족할 만한 교회를 찾아 신앙의 삶을 이어가도록 해야 한다. 이는 결혼하려는 사람이 배우자를 선택할 때 신중하게 선택하는 것

---

23 진용식, "신천지와 전능신교(동방번개)의 정체와 대책," 「기독교학술원 월례포럼」 75, 25.

과 같은 이치라고 말할 수 있다.

사이비·이단 집단들은 정통 교파나 교단의 이름과 유사하거나 헷갈리게 하는 이름의 간판을 걸고서 교회를 운영하기 때문에 보통의 그리스도인들이나 초신자들이 교회를 선택할 때 매우 주의해야 한다. 또한 얼핏 보면 건전한 선교단체의 이름과 자기 집단의 이름을 유사하게 만들어 선교단체를 찾는 이들로 하여금 착각하게 만드는 사이비·이단 집단들도 있기에 역시 주의가 필요하다.24

	정통 교회와 선교단체	이단 집단
장로교	통합, 합동, 기장, 고신, 대신, 합동정통	성경, 새빛등대장로교회, 정경합동보수, 전도총회(다락방), 할렐루야총회
감리교	기독교대한감리회	예수교대한감리회(진리), 기독교복음선교회(JMS)
침례교	기독교한국침례회, 성서침례	기독교복음침례회, 대한예수교침례회구원파, 성경침례교회
성결교	예수교대한성결교회, 기독교대한성결교회	예수교대한연합성결교회 (만민중앙교회)
하나님의 성회	기독교대한하나님의성회, 예수교대한하나님의성회	하나님의성회승리재단(영세교)
하나님의 교회	한영신학대학, 기독교한국하나님의교회	하나님의교회(안상홍 증인회)
선교단체	예수전도단, JBM, DSM, SFC, IVF	땅끝예수전도단, JMS(정명석), DCM(다락방), SFP(통일교), IYF(구원파)

사이비·이단 집단들은 성서를 아전인수격으로 선택하여 자의적으로 해석하는 것이 보통이다. 그들은 교주를 신격화하기 위해서, 비성서적인 주장을 합리화하기 위해서, 자신들의 주장이 허구가 아니라 현실화될 수 있음을 제시하기 위해서, 자신들의 사회적

---

24 탁지원, "한국교회의 이단의 실태 및 대처방안,"「교회교육」(2001. 4.), 5.

인 영향력을 강화하기 위해서, 자신들만이 참된 기독교이고 자신들만이 구원받을 수 있다는 배타적인 구원관을 강조하기 위해서 그렇게 한다.[25] 그들은 성서를 제멋대로 짜깁기하고, 자기들만의 논리로 비유를 풀고, 이분법적인 대비방식을 채택하여 3~6개월 동안 세뇌하는 방법으로 성서를 가르치기 때문에,[26] 바른 신앙관이나 바른 성서관이 정립되지 않은 그리스도인들의 경우 사이비·이단 집단의 성경 공부에 참여하다 보면 그릇된 틀에서 빠져나오기가 어렵게 된다. 그러므로 그리스도인들은 신뢰할 수 있는 목회자가 교회 안에서 공식적으로 진행하는 성경 공부 외에는 다른 성경 공부에 임의로 참여하지 않도록 차단하는 것이 사이비·이단 예방에 도움이 될 것이다.[27]

탁지일 교수는 이단에 대처하는 가장 중요하고 확실한 방안은 예수 그리스도 중심의 삶과 신앙에 있다고 말한다.[28] 하나님께서는 그리스도인들이 예수를 알고, 예수처럼 느끼고, 예수처럼 말하고, 예수처럼 살기를 원하신다. 예수가 빠진 기독교는 더 이상 기독교가 아니고, 예수를 따르는 삶이 없는 그리스도인은 죽기까지 사랑하신 예수의 십자가 사랑을 값싼 것으로 전락시키는 어리석음을 범하는 것이다. 한국교회 내에서는 다양한 성경 공부가 진행되고 있다. 한국 그리스도인들의 경우 성경 공부가 부족해서 사이

---

25 탁지일, 『이단』 (서울: 두란노서원, 2014), 124.
26 박형택, 『이단상담학 개론』 (서울: 대림문화사, 2017), 53.
27 진용식, "신천지와 전능신교(동방번개)의 정체와 대책," 25.
28 탁지일, 『이단』 (서울: 두란노서원, 2014), 19.

비·이단에 현혹되는 것이 아니라, 성경 공부만 하고 성경대로 사는 삶이 없기에 스스로 현혹되는 것이다. 진정한 신앙이란 겨자씨만한 믿음이 있어도 산을 옮길만한 능력과 사랑의 구체적인 삶으로 드러나는 특성이 있기 때문이다.[29] 같은 맥락에서 한국의 그리스도인들이 사이비·이단의 접근에 취약한 것은 신앙을 액세서리처럼 있어도 그만 없어도 그만인 것으로 간주하고, 삶의 모든 영역에서 일관된 생활신앙으로 살고 있지 못하기 때문이다.

요즈음 사이비·이단의 집단들은 교회 내에서 소외된 교인들, 세상에서 별로 관심을 받지 못하고 외롭게 살아가는 이웃들, 자신의 이해관계를 스스로 대변하지 못하는 사회적인 약자들을 주로 목표로 삼아 접근하고 있다. 이들은 누군가의 관심과 사랑으로 위로받고, 자기 삶의 에너지를 공급받을 수 있기에, 사이비·이단 집단의 진정성 없는 관심과 사랑이라도 고대하며 쉽게 안주하기 때문이다. 사실 지극히 작은 자들로 지칭되는 이들은 예수께서 당신과 동일화하신 사람들이다. 이들에 대한 사랑과 관심은 우리 그리스도인의 당연한 책임이기도 하다. 이 당연한 책임을 우리 그리스도인이 잘 감당할 때, 사이비·이단 집단의 세력으로부터 이들을 보호할 수 있고, 동시에 자신의 신앙을 강화할 수 있게 된다.

우리 그리스도인은 사이비·이단 집단들의 미혹에서 자기 스스로를 보호하고자 노력해야 한다. 지피지기(知彼知己)면 백전백승

---

29 "신천지를 통해 돌아본 한국교회… 신앙의 성찰성 붙잡는 물음 던지고 있는가," 「뉴스앤조이」(2020. 3. 4.),
https://www.newsnjoy.or.kr/news/articleView.html?idxno= 300311.

(百戰百勝)이라 했다. 사이비 · 이단의 정체가 무엇인지, 사이비 · 이단이 어떻게 접근하면서 포교하고 있는지, 사이비 · 이단이 잘못 가르치고 있는 교리가 무엇인지, 사이비 · 이단에 빠졌던 신도들이 왜 이탈하고 있는지, 사이비 · 이단 집단의 교주와 신도들이 자행하는 사회적인 역기능은 무엇인지 등을 미리 알게 되면, 처음부터 사이비 · 이단에 대해 거리를 둘 수 있기 때문이다. 이를 위해서 가장 좋은 것은 사이비 · 이단 전문가들이 쓴 저서나 글을 읽는 것이다. 한국기독교이단상담연구소 박형택 목사가 쓴『이단상담학개론』이나, 이단의 테러로 인해 유명을 달리한 부친을 이어서 활동하는 이단 전문가 탁지일 교수가 쓴『이단』,『교회와 이단』,『이단이 알고 싶다』나 이단 사이비대책위원을 역임하고 강연이나 대담 프로로 예방 활동을 하는 허호익 교수가 쓴『이단은 왜 이단인가』,『한국의 이단 기독교』등은 사이비 · 이단 예방에 큰 도움을 주는 저서들이다.

IV. 교회, 교계 차원의 대처 방안

교회가 건강하면 사이비 · 이단 집단들의 미혹을 자연스럽게 방어할 수 있지만, 교회가 허약하면 그것을 빌미로 사이비 · 이단들이 발흥하게 된다. 사이비 · 이단 집단들은 대개가 스스로 타락한 교회의 대안이라고 주장한다.[30] 양의 탈을 쓰고 활동하는 사이비 · 이단들은 윤리적으로 형편없는 교회들을 선택해서 집중적으로 공격한다. 그들의 공격에 쉽게 설득이 되는 것은 기성 교회들이 변명하기 어려운 문제들을 실제 드러내고 있기 때문이다.

한편 기성 교회가 도덕적으로, 윤리적으로, 상식적으로 사이비·이단보다 우월하지 못하면, 문제성이 많은 사이비·이단이라도 비판하기란 쉽지 않다. 재정 사용이 불투명하고 약자들의 사회적인 문제에 대해 방관하며 담임 목회자를 세습하는 교회가 사이비·이단을 경계하라고 당당히 말할 수 있을까? 정치적인 이해관계에 따라서 움직이는 교회가 사이비·이단 교주의 정치 권력자들과의 야합을 비판할 수 있을까? 지금 한국교회는 많이 병들어 있다. 비인가 신학교에서 자격 없는 목회자를 배출하고, 기복신앙의 메시지를 복음의 주요 내용처럼 선포한다. 재정을 불투명하게 사용하고, 질문이 없는 반지성적인 신앙을 주입한다. 객관적인 기준보다 연고를 앞세우고, 이해관계에 따라서 분열을 무한 반복한다. 그렇다 보니 교회 밖의 일반 시민들이 기성 교회와 사이비·이단 집단을 도덕적인 차원, 윤리적인 차원, 상식적인 차원에서 각각 명확히 구분할 수 없다고 말한다. 둘 사이의 차이를 별로 인식할 수 없다는 것이다. 그러므로 사이비·이단을 대처하는 최고의 방안은 도덕적이고 윤리적이며 상식적인 건강한 교회를 세우는 데 있다. 교회가 스스로 건강해지지 않는 한, 사이비·이단의 문제를 결코 해결할 수 없음을 알아야 한다. 이제라도 한국교회는 자신의 문제를 끊임없이 개혁하며, 약자들의 사회적인 어려움을 방관하지 않

---

30 탁지일, 『이단이 알고 싶다』 (서울: 넥서스, 2020), 10.

으며, 시대적인 과제에 대해서 책임 있게 응답하는 건강한 교회가 되어야 한다.

요즈음 주요 교단들은 자기 교단의 로고를 각 교회 입구의 명판에 부착하도록 하고 있다. 이는 교단의 교세를 과시하려는 차원이기보다는 정통 교단에 속한 교회이니 안심하라는 차원이다. 왜냐하면 적지 않은 사이비·이단 집단들이 정통 교회에 속한 일반 교회인 것처럼 간판을 걸고 교인들을 현혹하기 때문이다. 십자가를 걸고 있다고 해서 모두 정통 교회는 아니고, 교회라는 이름을 붙이고 있다고 해서 모두 정통 교회도 아니다.[31] 이를 객관적으로 입증해주는 것이 교단의 로고라면, 정통 교회에 속한 모든 교회는 교단의 로고를 교회 간판에 붙이도록 의무화해야 한다. 개척 교회도 이 점에서 예외일 수는 없다. 그렇다면 어느 지역에 특정 교단의 로고를 붙인 새로운 교회가 들어섰다고 해서 무조건 믿을 수 있을까? 이때는 지역 교회 연합회나 그 교단의 노회 또는 지역 시찰회가 감시활동을 하며 직접 확인해주어야 한다. 하나님의 하나의 거룩하고 보편적이며 사도적인 교회가 다른 교회를 의심의 눈으로 보아야 하는 것은 비극이지만, 그렇게라도 정통 교회에 속한 교단임을 객관화해주는 것이 사이비·이단을 예방하는 데 도움된다면 감수해야 한다. 이제 한국교회의 그리스도인들은 교단의 로고가 없는 교회라면 아예 관심을 주지 말아야 하고, 혹시 로고가 있다 하더라도 교단에 문의하여 교단 소속의 교회인지를 확인해

---

31 탁지원, "한국교회의 이단의 실태 및 대처방안," 3.

야 한다. 그리고 모든 교회는 사이비·이단 집단들이 교인들에게 접근할 때를 대비해서 교단의 정확한 이름과 로고, 교단에 속한 주요 교회와 목회자들의 이름을 주지시키고, 혹시라도 의심스러운 접근이 있을 때는 교회 연합으로 구축한 플랫폼을 통해서 정통 교회에 속했는지 여부를 곧바로 확인해줄 수 있어야 한다.

신천지의 경우 소위 추수꾼들은 기성 교회에 새 교인으로 들어가서 기존 교인들과 친밀한 관계를 형성한 후에 자기 집단으로 유인하는 전도 전략을 쓰고 있다. 어느 교회든지 새 교인이 오면 환영하는 것이 일반이지만, 이때 교회는 새 교인의 신앙 이력을 확인하는 절차를 밟을 필요가 있다. 교회를 처음으로 나온 초신자인지, 이전에 출석하던 교회가 있었는지, 출석하던 교회가 있었다면 왜 교회를 옮기게 되었는지 등등을 알아야 신앙 수준에 맞게 적절히 교육할 수 있기 때문이다. 이를 위해 한국교회가 유지했던 제도가 교회의 이명증서였다. 어느 교인이 이사하거나 부득이 교회를 옮겨야 할 때, 이전 교회의 교적부에 근거해서 이명증서를 발부하면, 그 교인은 새로운 교회에 이명증서를 제시함으로써 자신의 그리스도인 됨을 입증할 수 있었다. 한국교회가 교회 성장의 이데올로기에 빠져서 이명증서의 유산을 포기한 것은 안타까운 일이다.[32] 한국교회의 교인들이 새로 가는 교회마다 교적부를 새롭게 작성하다 보니, 이중 삼중의 교적을 둔 교인들로 인해서 한

---

32 안교성, "교회와 재난: 한국교회를 중심으로," 박경수·이상억·김정형 편집, 『재난과 교회: 코로나19 그리고 그 이후를 위한 신학적 성찰』 (서울: 장로회신학대학교 출판부, 2020), 96.

국교회의 교인 수가 통계청의 인구수보다 많아지는 기현상까지 벌어진다. 이제라도 한국교회는 중복된 교적을 정비하고, 교회를 옮길 때는 지속적인 신앙 성장을 위해서 이명증서의 발급을 부활해야 한다. 한국의 주요 교단만이라도 교회의 이명증서 발급을 재개한다면, 신천지의 추수꾼과 같은 사이비·이단들의 접근을 차단하는데 크게 도움이 될 것이다.

한국교회는 사이비·이단에 빠졌다가 돌이키고 교회로 다시 돌아오는 신도들을 맞이할 준비를 해야 한다. 무엇보다 회복과 배려가 우선이다. 바른 교리를 재교육해서 영적 회복을 도모하고, 거부감없이 교인들과 융합할 수 있도록 배려하는 것이다.[33] 사이비·이단으로 인한 트라우마를 치유하고, 자기 정체성과 신앙을 회복할 수 있도록 심리 상담과 목회 상담을 병행하는 것이다.[34] CBS가 지앤컴리서치에 의뢰한 「신천지에 대한 개신교인 인식조사」에 의하면, 한국교회가 신천지의 탈퇴자를 수용할지 묻는 설문에서 "받아줘야 한다"가 65.9%, "모르겠다"가 19.2%, "받아주지 말아야 한다"가 14.9%였다. 1/3 이상의 교인들이 신천지 탈퇴자의 수용에 대해서 확신이 없다.[35] 사실 사이비·이단에 빠졌던 신도들 역시 피해자이다. 교회가 건강한 신앙공동체로서 신뢰를 받았거나 사이비·이단에 빠지지 않도록 교인들을 미리 교육했다면, 교

---

33 "돌아오는 이단 탈퇴자들, 한국교회는 맞을 준비 돼 있나," 「국민일보」 (2020. 5. 13.)

34 박형택, 『이단상담학 개론』 (서울: 대림문화사, 2017), 241.

35 김정수, "포스트 코로나 19 과제," 「현대종교」 535 (2020. 6.), 61.

인으로 남아있었을 것이기 때문이다. 그런데 탈퇴자가 사이비·이단 신도였음을 드러낼 때, 교회에서 나가 달라고 요청한다든지, 불편한 표정을 짓는다든지, 아니면 은근히 경계하며 왕따를 시킨다든지 하면, 회복할 길을 잃게 될 것이다.[36] 모든 교회는 자기 교회에만 사이비·이단 신도가 없으면 된다는 식의 안이한 생각이나, 자기 교회의 교인만 사이비·이단으로 빠져나가지 않으면 된다는 이기적인 생각, 우리만 옳다는 오만한 생각을 떨쳐버리고, 사이비·이단에서 돌아온 탈퇴자 신도에 대해서 다시 찾은 한 마리 양처럼 기뻐하며 환대하며 포용하는 사랑의 품을 제공해야 한다.[37] 우리도 사이비·이단의 피해자가 될 수 있다는 위기의식 속에 사이비·이단 피해자 가족들의 애통하는 마음을 이해하고, 교회의 본질은 사이비·이단 관련자들에 대한 정죄보다 사이비·이단 피해자들의 회복에 더 있음을 기억해야 한다.[38] 이를 위해서 교단 차원이나 교계 차원에서 '사이비·이단 피해 상담소'를 운영하는 것은 절실한 대안이라 할 것이다.

병이 발병했을 때 치료하는 것은 중요하지만, 병이 발병하기 전에 예방하는 것은 더 중요하다. 흔히 병이 생기기 전에는 건강

---

36 "[신현욱×조믿음 좌담 ② 신천지와 한국교회] 탈퇴자들 교회 문 두드릴 때 받아
   줄 역량 있나,"「뉴스앤조이」(2020. 3. 6.),
   https://www.newsnjoy.or.kr/news/articleView.html?idxno=300349.
37 "코로나19 확산으로 신천지 정체 드러났지만… 정작 신천지 빠진 내 아이는 연락
   끊겼다,"「뉴스앤조이」(2020. 4. 3.),
   https://www.newsnjoy.or.kr/news/articleView.html?idxno=300500.
38 탁지일,『이단』(서울: 두란노, 2014), 175.

관리에 무관심하다가 병이 생긴 후에야 관심을 갖는 경우가 많다. 소 잃고 외양간을 고치거나 죽은 후에 약을 쓰는 격이다. 사이비·이단의 문제도 대다수 교회가 무관심하다가 가족이나 교인이 빠져든 후에야 대처 방안을 찾는다고 부산을 떤다. 누군가 사이비·이단 집단에 일단 빠져들면, 그곳에서 빠져나오도록 하는 것은 쉽지 않다. 설사 빠져나온다고 하더라도 상처나 트라우마가 커서 회복하기가 어렵다. 사이비·이단의 문제야말로 예방 교육이 절실히 필요한 영역이다. 물론 성경과 교리에 대한 바른 교육, 행복한 가정을 위한 부부학교나 아버지 학교의 운영, 실추된 교회의 이미지를 탈피하고 건강한 교회를 지향하는 노력이 중요하다. 그러나 날마다 모습을 달리하면서 다양한 전략과 방식으로 그리스도인들을 미혹하는 사이비·이단들의 종류와 특징, 그것들의 포교 방식과 사회적인 역기능 등을 교육하는 것 역시 중요하다.[39] 이를 위해 교회는 사이비·이단의 문제를 인지하게 하는 현수막이나 포스터 또는 스티커를 교회 내 적절한 공간에 붙인다든지, 이미 사이비·이단의 피해를 입은 교인들을 위해서 사이비·이단 예방 상담센터를 만들어 상담한다든지, 사이비·이단 예방 교육을 받은 교인들을 사이비·이단 감시 요원으로 선정하여 감시활동을 하도록 한다든지 하는 것이 필요하다.[40] 요즈음 사이비·이단들은 성인 교인들만이 아니라 어린이들을 대상으로 한 각종 콘텐츠를 제작하여

---

39 김성훈, "이단에 대처하는 실천적 대안으로서 '이단 예방 교육' 연구: 은성교회를 중심으로," 장로회신학대학교 박사학위논문 2013, 73.
40 앞의 논문, 109.

체제 유지를 위한 2세 교육에도 집중하고 있다. 교주를 신격화하기 위한 동화책을 제작한다든지, 홈페이지에다 어린이를 위한 코너를 개설한다든지, 양질의 애니메이션을 만들어서 호기심을 갖도록 한다든지, 어린이를 위한 수련회를 개최한다든지, 교육의 방식이 기성 교회 못지 않다.[41] 아니 더 진화해서 절대적으로 순종하는 차세대 리더나 신도를 만들기 위해서 어린이 교육에 집중 투자한다고 해도 과언이 아니다. 그러므로 기성 교회 역시 다음 세대를 위한 철저한 어린이 신앙교육과 함께 사이비 · 이단 예방 교육을 반영하는 것 역시 필수적이라 말할 수 있다.

또한 한국교회는 자기 교단의 직영 신학교에서 시행하는 신학교육의 질을 높이고, 무인가 신학교를 정비해야 한다.[42] 한국교회가 세상으로부터 질타를 당하거나 한국 사회에서 사이비 · 이단 집단들이 발흥하는 원인을 살펴보면, 목회자의 지적 수준과 영적 수준이 떨어지거나 제대로 된 리더십을 발휘하지 못해서 초래된다. 각 신학교는 우리 사회에서 야기되는 문제들을 신학적인 측면에서 조망하고 교회에서 대응할 수 있도록 공공신학을 가르쳐야 한다. 사회적인 약자들에게 관심을 주면서 마을공동체를 회복해야하고, 이 일에 교회가 섬김의 중심 역할을 할 수 있도록 도전해야한다. 특히 신학 커리큘럼 안에 사이비 · 이단 관련 필수과목을 개설함으로 목회자 스스로가 사이비 · 이단과 그 집단들의 문제들을 깊이 인식하고, 교회다운 대처와 교인들을 위한 예방 교육까지 진

---

41 조민기, "이단들의 어린이 교육 시스템,"「현대종교」534권 (2020. 5.), 14-21.
42 정동섭, "문제성 종교의 폐해와 그 극복방안," 14.

행할 수 있는 수준에 이를 수 있도록 교육해야 한다.

사이비·이단들에 대해서 개인과 가정, 각 교회 차원에서 대처해야 할 것들이 분명히 있지만, 한국교회가 교계 전체적인 차원에서 대처해야 할 것들 역시 주시해야 한다. 무엇보다 사이비·이단 집단에 대해 연구하고 사이비·이단을 규정하는 것은 몇몇 신학자나 목회자가 임의로 할 수 있는 일이 아니다. 각 교단에서 대표성을 위임받은 신학자들과 목회자들이 사이비·이단 대책위원회를 구성하고, 심도 있게 연구해서 진중하게 규정해야 하기 때문이다. 대책위원회를 구성할 때 유의할 것은 대표성이 있어야 한다는 것, 정치성을 배제해야 한다는 것, 각 교단의 연구와 상충되거나 대립되지 않도록 해야 한다는 것, 연구의 자율성이 보장되어야 한다는 것 등이다.[43] 사악한 사이비·이단 집단들의 경우 자신들을 문제제기하거나 사이비·이단으로 규정하는 개인이나 교회 또는 기관에 대해서 법적인 송사를 집요하게 진행하는 경향이 있다. 그러면 해당 개인이나 교회 또는 기관은 법적으로 대응하는 것이 부담되거나 불편하거나 두려워서 주저하게 된다. 그러므로 교단이나 교계 차원에서 사이비·이단 관련하여 법적 대응을 돕는 법률 자문팀을 구성하고, 최소한의 비용이나 무료로 이용할 기회를 제공해야 한다.[44] 독재정권 당시 민주주의와 인권 관련하여 법률 자문 및 변호의 역할을 했던 민주사회를위한변호사모임(민변)과 같은

---

43 이요섭, "사이비종교의 폐해와 대책," (대신대학교 석사학위논문, 1994), 47.
44 최삼경, "교리적 연구와 교육, 교단의 적극적 대응 있어야,"「새가정」(1994. 4.), 126.

법률 자문 기구가 교계의 사이비·이단 대처에 있어서도 동일하게 활동해야 한다는 것이다. 최근 사이비·이단들은 소셜 네트워크를 전방위적으로 활용하고 있다. 한국교회 역시 사이비·이단에 대처하기 위한 소셜 네트워크를 적극 활용해야 한다. 사이비·이단 대처를 위해 새로운 사이트를 구축하거나 이미 구축된 사이트를 활용하여, 국내·외에서 일어난 사이비·이단 관련 최근의 기사들을 지속 업데이트하고, 사이비·이단 예방 교육에 효과적인 자료들을 공유하며, 사이비·이단 대처에 관련된 국내·외의 모범적인 사이트들을 글로벌 네트워크화해서 공조할 수 있어야 한다.[45] 그동안 한국교회가 자기 교회와 자기 교인만 지키면 된다는 식으로 소극적인 대처를 했다면, 이제는 교계 차원에서 적극 대처할 뿐 아니라, 사이비·이단 대처에 앞장서는 관계기관들을 위해서 필요한 비용을 선교비 항목으로 따로 떼어 공동으로 지원하는 단계까지 가야 한다.[46]

---

45 탁지일, 『이단』, 166.
46 "[신현욱×조민음 좌담 ②] 신천지와 한국교회] '탈퇴자들 교회 문 두드릴 때 받아 줄 역량 있나," 「뉴스앤조이」 (2020. 3. 6.) 신현욱 목사는 사이비·이단의 문제는 국가에 비유하면 국방 안보의 문제와 같은데, 한국교회는 교파, 교단에 상관없이 힘을 모아서 교회를 수호해야 하는데, 그렇지 못하다며 한탄한다. 그리고 한국교회와 목회자들은 사이비·이단 관련해서 고군분투하는 목회자나 기관들에 대해서 지원하기라도 해야 한다고 주장한다. 이제 한국교회는 신현욱 목사의 다음과 같은 질문에 응답해야 한다고 본다. "대낮에 날강도 같은 범법자(사이비·이단 집단)들이 활개를 치고 다닌다. 그걸 막는다고 방범 활동하는 분(사이비·이단에 대처하는 목회자나 기관)들이 있는데, 방범 활동에 동참하지 못한다면 방범비(선교비)라도 내서 힘을 보태야 하지 않겠는가. 해외 선교는 다 지원하면서, 왜 잡아놓은 고기를 지키는 데는 관심이 없나. 어쩌면 이렇게 무관심한가."

V. 사회, 국가 차원의 대처 방안

사이비·이단의 문제는 개인과 가정, 교회와 교계 차원만의 문제가 아니다. 젊은이들이 사이비·이단 집단에 들어가게 되면, 학교나 직장 등의 정상적인 생활을 포기하고, 그 집단과 교주를 위해서 종노릇을 하는 경우가 적지 않다. 남편이든, 아내든, 부모든, 자식이든 사이비·이단의 신도가 되면, 정상적인 부부관계나 가족 관계를 깨뜨리고 지옥과 같은 생활을 하는 경우도 빈번하다.[47] 대개 사이비·이단 집단은 신도들에게 헌금의 명목으로 금전과 재산을 갈취하고, 노동력을 착취하며, 성추행과 성폭력의 사건까지 일으키고 있다. 그러나 사이비·이단의 신도들 역시 국가의 시민이고, 어떤 경우에든 인간이 누릴 수 있는 최소한의 권리인 인권을 보증받을 수 있어야 한다. 그러므로 사이비·이단의 문제는 어떤 경우든지 국가와 사회의 문제로 이어진다. 이제 국가와 사회는 사이비·이단의 문제를 효과적으로 해결하기 위해서 교회나 교계와 공조할 수 있어야 한다.

적지 않은 사이비·이단들이 자신의 정체를 은폐하는 경향이 있다. 문화센터나 일반 학원이라 등록하고서 종교 활동을 은밀하게 시행한다. 종교의 자유를 헌법이 보장하는 우리나라인데도 자신의 종교적인 정체성을 은폐하는 것은 이미 도덕적으로나 윤리

---

47 "코로나19 확산으로 신천지 정체 드러났지만… '정작 신천지 빠진 내 아이는 연락 끊겼다'," 「뉴스앤조이」 (2020. 4. 3.),
https://www.newsnjoy.or.kr/news/ articleView.html?idxno=300500.

적으로, 나아가 법적으로 문제가 있음을 사이비·이단들 스스로 인정하는 것이다. 사이비·이단들이 당당하다면 자신의 독자적인 간판을 달 것인데, 그렇지 못하니 기성 교회 교단의 간판을 달거나 착각할 수 있는 유사한 이름의 간판을 달고, 심지어는 엉뚱한 간판을 달고서 활동하는 것이다.[48] 문화체육관광부 종무실은 "종교 행정 업무를 총괄하며 종교 간 협력 및 연합활동 지원, 종교 문화 콘텐츠 개발, 종교시설의 문화 공간화 지원 등을 통해 종교 간 화합에 기여"하고자 업무를 수행하는 기관이다.[49] 종무실 산하에는 개신교 담당 종무관, 천주교 담당 종무관, 불교 담당 종무관이 각각 있어서 우리나라 주요 종교와 관계를 맺고 업무를 관장하고 있다. 이제 문화체육관광부의 종무실은 적어도 국내에서 종교 활동을 하는 모든 단체나 기관으로 하여금 자신의 객관적인 정보를 종무실에 등록하게 하고, 법적인 테두리에서 투명한 종교 활동을 하게 함으로써 비합법적이거나 범죄적인 사이비·이단들의 활동을 사전에 차단할 수 있어야 한다.

사이비·이단 집단의 사회적인 역기능과 범법 관련해서 법 집행자들의 의지만 있으면 현행법으로도 얼마든지 사이비·이단 집단의 교주나 관계자들을 처벌할 수 있다.[50] 모든 건물에는 고유한

---

48 탁지원, "한국교회의 이단의 실태 및 대처방안," 3.
49 문화체육관광부홈페이지,
  https://www.mcst.go.kr/kor/s_about/organ/main/deptView.jsp?pDeptCo
  de=0702000000&pTeamCD=1371020 (2020. 7. 17.)
50 "[신현욱×조민음 좌담 ①] 신천지와 코로나19] '무릎 꿇은 이만희, 신도들은 예수처럼 생각했을 것," 「뉴스앤조이」 (2020. 3. 6.),

용도가 있는데, 그 용도를 임의로 변경해 사용하면 건축법을 위반하는 것이 된다. 10인 이상 학습자에게 30일 이상 학습을 제공하면 학원으로 분류할 수 있는데, 위장 포교를 하는 센터들은 '학원 설립과 운영 및 과외 교습에 관한 법률'을 위반하는 것이 된다. 2014년 이래로 신천지 피해자들이 신천지에 속한 법인 '하늘문화세계평화광복'(HWPL)이 목적 이외의 사업을 했기 때문에 법인의 해산을 요청해왔지만, 관계 당국은 손도 대지 않고 있었다. 그러나 최근 서울시는 코로나19 재난 관련해서 '하늘문화세계평화광복'의 법인 설립 허가를 취소했다.[51] 법인이 '설립 목적 외 사업 수행, 설립 허가 조건 위반, 기타 공익을 해하는 행위' 등을 할 경우 법인 설립의 허가를 취소할 수 있다는 민법 제38조를 적용했기 때문이다. 허호익 교수는 법질서를 무시하거나 종교의식을 개방하지 않는 밀교 같은 종교 집단에 대해서는 종교의 자유를 제한할 것과 신앙을 빙자해서 값싼 물건을 비싸게 강매하는 사기죄에 해당하는 영감(靈感) 상법을 제정할 것을 제안한 바 있다.[52] 물론 법만능주의가 되어서는 안 되겠지만, 이제라도 법률가들은 사이비·이단 집단의 범법에 대해서 처벌하고, 사회적 물의를 일으킨 사이비·이단 집단을 해산해야 한다. 신도들에게 갈취한 재산을 몰수하고, 피해자들에 대해서 물질적으로 보상하도록 하고, 해산한 후

---

https://www.newsnjoy.or.kr/news/articleView.html?idxno=300342.

51 "서울시, 신천지 유관단체 HWPL 행정조사 실시!",

https://www.kjc24.co.kr/news/articleView.html?idxno=4014 (2020. 7. 17.)

52 허호익, "이단 사이비 집단의 특징, 거짓 선지자,"「복음과 상황」(2020. 5.), 38.

남은 재산은 공익적인 기금으로 전환하는 등의 법적 절차와 관련한 특화된 법을 만들 필요가 있음을 검토해야 한다.[53]

한편 영리사업을 목적으로 업체를 운영하지 않는 사이비·이단 집단은 드물다. 처음에는 종교의 명목으로 출발하지만, 자기 집단을 유지하는 방편으로 영리사업을 운영하는 것이다. 그런데 사이비·이단 집단들이 운영하는 업체치고, 정직하게, 이윤을 사회에 환원하며, 윤리경영을 하는 경우 또한 드물다. 대개는 정치자금을 통해서 특혜를 얻고, 탈법적인 탈세를 하고, 신도인 직원들에게 제대로 된 임금을 지불하지 않고, 결국 교주와 측근 고위 간부들의 탐욕만 불리고 있다. 사이비·이단 집단들은 정통 교회로부터 인정받지 못한다는 약점 때문에 부정부패한 정치세력의 비호를 받고자 노력하고 있다. 그리고 봉사 활동하는 NGO 단체를 만들어서 시민사회의 인정을 받고자 하지만, 봉사의 진정성은 없다. 부정부패한 정치인들과 연루해서 비호를 받으려는 사이비·이단 집단들은 선거 때가 되면, 그들 정치인을 일방적으로 지지하는 박수부대를 동원하고, 정치자금을 지원하는 보이지 않는 손의 역할을 감당한다. 그렇게 당선된 정치인들은 사이비·이단 집단에게 진 빚을 갚기 위해서라도 사이비·이단 집단의 자유로운 활동을 보장하고, 사이비·이단 집단의 각종 행사 때마다 화분이나 화환을 보내어 축하하고, 직접 참석해서 축사나 격려사를 하며 관계를

---

53 "'불교 신자라 성경 공부 못하겠다'니 '가짜 스님' 동원해 포교 … 신천지 탈퇴자들, 2차 '청춘 반환 소송'," 「뉴스앤조이」 (2020. 3. 12.), https://www.newsnjoy.or.kr/news/articleView.html?idxno=300394.

이어간다. 그리고 사회봉사상 이외에도 줄 수 있는 모든 형태의 상을 전달함으로써 사이비·이단 집단의 입지를 세워준다. 박정희 정권 당시 영세교의 최태민과 박근혜 정권의 비선 실세였던 최순실이 그러했고,[54] 베트남전쟁 당시 전쟁을 지지하며 반공 운동을 전개했던 통일교의 문선명이 그러했다.[55] 한편 하나님의교회(구 안상홍증인회)가 영국 여왕 엘리자베스 2세로부터 봉사상을 수상했다고 해서 그리고 신천지의 이만희 교주와 김남희 씨가 정체가 분명치도 않은 '간디비폭력평화상'을 받았다고 해서, 그것으로 인해 사이비·이단의 굴레를 벗어나는 것이 아님을 알아야 한다.[56] 그러므로 사이비·이단 집단과 연계해서 정치적인 이해관계를 얻고자 하는 정당이나 정치인들에 대해서는 범법이 드러났을 때 가중처벌하는 법을 만들어서라도 사이비·이단 집단과의 불법적인 관계 모색을 발본색원(拔本塞源)해야 한다.

우리는 흔히 언론에 대해서 제4의 권력이라고 일컫는다. 그만큼 기자와 언론기관이 정치나 여론에 미치는 영향력이 행정부, 입법부, 사법부에 버금간다고 보기 때문이다. 그렇기에 언론은 사실 보도에 집중해야 하고, 언론의 특권을 누리기보다는 국가와 시민, 공공사회와 여론에 대한 책임을 다해야 한다. 「현대종교」의 김정수 기자에 의하면,[57] 2019년 한 해 동안 사이비·이단 집단 '신천

---

54 허호익, 『한국의 이단 기독교』, 471-508.

55 탁지일, 『이단이 알고 싶다』, 32-38.

56 "이단들, '상 받았다' 대대적 선전… 진실은 '글쎄'," 「교회와 신앙」 (2016. 7. 22.), https://www.amennews.com/news/articleView.html?idxno=14573 (2020. 7. 17.)

지'를 네이버로 검색했을 때 1,458건이 검색되었는데, 그중에서 긍정적으로 보도한 기사는 964건(66.1%)이었고, 부정적으로 보도한 기사는 494건(33.9%)이었다고 한다. 그는 긍정적인 기사가 부정적인 기사의 두 배나 되는 이유를 이단의 문제에 대한 관심의 부족과 기사량 늘리기에 최적화된 신천지 배포자료의 신속한 활용, 각 언론사에서 조직적으로 활동하는 신천지인 신도 기자와 돈을 받고 홍보성 기사와 광고를 실어주는 언론사의 행태에서 찾고 있다. 그러나 코로나19 사태 이후 신천지 관련 기사에서는 긍정적인 것은 거의 찾아볼 수 없었고, 부정적인 기사들 일색이었다고 지적하면서, 언론이 문제가 터지기 전에 예방에는 전혀 도움을 주지 못했음을 안타까워했다. 탁지일 교수 역시 공익을 추구하는 언론이라면 거액의 대가가 있더라도 사이비 · 이단 집단들의 홍보성 기사를 자제하고, 올바르게 알아야 할 국민의 권리를 침해해서는 안 된다고 지적했다.[58] 한편 기독교 언론 CBS가 추진한 '신천지 OUT' 프로젝트는 언론이 사이비 · 이단 관련해서 취할 수 있는 좋은 사례라고 말할 수 있다.[59] CBS에서 '신천지 OUT 캠페인'을 담당한 TF팀은 '고발과 폭로', '치유와 회심', '차단과 고립'이라는 전략적 목표 아래 우선은 CBS가 보유한 모든 매체를 통해 신천지의 실태와 폐해를 알리는 데 집중했다. 신천지를 고발하는 웹사이트

---

57 김정수, "돈 따라 홍보하고 여론 따라 비판하는 언론들," 「현대종교」 534 (2020. 5.), 56-61.

58 탁지일, 『이단이 알고 싶다』 (서울: 넥서스, 2020), 185.

59 변상욱, "CBS '신천지 OUT' 프로젝트의 추진 경과 및 과제," 「기독교사상」 (2017. 10.), 19-27.

를 오픈해서 신천지 관련한 모든 자료를 공유하도록 했다. 특히 신천지 집단에 대항하는 피해자 모임이나 이탈자 모임, 이단 상담소 등 유관 단체의 자료들을 네트워크화해서 집약시켰다. 그리고 신천지를 사회적으로 고립시키고자 "신천지가 신흥 종파로 위장하고 있지만, 사회적 폐해가 심각히 우려되는 사교 집단"임을 정부 유관 부처나 지자체, 개별 국회의원들, 경찰과 검찰, 법원과 교육청 등 각급 기관과 인사들에게 알리고자 노력했다. 이처럼 언론은 사이비·이단 집단들의 비윤리적이고 반사회적인 문제들을 깊이 파헤쳐서 비판하는 파수꾼의 역할을 철저히 감당해야 한다.

지금 국내에서 생겨난 모든 사이비·이단 집단은 그 활동을 국내로 제한하지 않고, 세계를 향해서 계속 확장하고 있다.[60] 세계 각국 나라에 퍼져 있는 디아스포라 한인들과 현지인들을 상대로 국내의 포교 전략을 그대로 적용하고 있다. 그뿐 아니라 가난한 국가들에서는 사회봉사 활동이나 평화 활동으로 자신들을 포장하고, 현지인 정치인들과는 검은 커넥션을 형성해서 비호를 받고 있다. 그동안 한국은 이단 수입국이었는데, 이제는 한류 바람과 함께 이단 수출국이 되어 성공적인 세계화를 향해 노력하고 있는 셈이다.[61] 가난한 저개발 국가의 경우 이단이냐 정통이냐에는 관심이 없고, 당장 경제적으로나 사회적으로 순기능을 하는 것처럼 보이면 그만이다. 그러나 시간이 지나 사이비·이단 집단이 어느 정도 자리를 잡게 되면, 그때는 사회적인 역기능과 함께 그들의 숨

---

60 탁지일, 『이단이 알고 싶다』 (서울: 넥서스, 2020), 126-161.
61 탁지일, 『이단』 (서울: 두란노, 2014), 139.

겨졌던 정체를 드러내게 될 것이다. 상황이 그 정도가 되면, 그때는 사이비 · 이단 집단들의 발생지 국가를 향해서 거부감을 지나 적대감을 형성하게 될 것이고, 경우에 따라서는 외교적인 문제로 비화하게 될 것이다. 그러므로 사이비 · 이단의 문제는 다른 나라들과의 외교적인 차원에서도 관심을 갖고 제어해야 할 국가적인 과제임을 알아야 한다.

VI. 결론

사이비 · 이단 집단의 근절은 건전한 종교와 건강한 사회를 세우기 위해서 절실한 과제이다. 사회적 물의를 일으키는 사이비 · 이단에 대해서 대처하는 것은 상대적으로 쉬울 수 있지만, 광명의 천사처럼 활동하는 사이비 · 이단을 대처하는 것은 참으로 어려운 일이다. 그러나 우리 그리스도인은 사이비 · 이단의 거짓된 존재가 진정성 없는 행위의 실체를 기어이 드러낸다는 사실과 위선적인 행위로써는 어떤 사이비 · 이단의 존재도 선한 것으로 규정될 수 없다는 사실을 인지해야 한다.

한반도에서 적대적인 분단 상황이 언제 해소되어 남북의 평화적인 교류와 상호 번영이 이루어질지는 아직 알 수 없다. 그러나 통일을 기대하지 않았던 동서독이 갑자기 평화통일을 이룬 것처럼 한반도 역시 언젠가는 평화통일의 여정에 들어갈 것이다. 사이비 · 이단의 집단들은 그때를 그냥 지나치지 않을 것이다. 그런데

75년 이상 무신론의 사회에서 살던 북한 주민들은 정통 교회든 사이비·이단 집단이든 하나로 볼 것이 명약관화하다. 그러므로 한국교회는 평화통일의 과제와 함께 이북에서 활동하게 될 사이비·이단의 대책을 미리 마련해야 한다.

사이비·이단은 개신교에만 존재하는 것이 아니다. 종교의 이름을 가진 모든 곳에서 그림자처럼 존재한다. '최태민'이라는 사람을 보라.[62] 그는 부산 금화사의 승려였고, 서울 중림동 성당에서 영세받은 천주교 신도였고, 불교와 기독교와 천도교를 혼합한 영세교의 교주였고, '대한구국선교단'의 목사였다. 그를 통해 우리는 사이비·이단의 문제가 특정 종교만의 문제가 아니라 모든 종교에서 동시에 발생하는 공동의 문제임을 알 수 있다. 이제 공적인 모든 종교는 공공선을 위한 종교 간의 협력과 함께 사이비·이단의 역기능에 대해서도 공동으로 대처해야 한다.

사이비·이단 집단들의 문제는 비단 종교의 문제로만 한정되지 않는다. 국가의 시민들이 전방위적으로 직면하며 경험하는 문제이기 때문이다. 국가의 주요 기관인 행정부, 입법부, 사법부, 언론은 사이비·이단 집단들의 문제에 대처하기 위한 개별적인 노력을 간과해서는 안 된다. 그러나 사이비·이단 집단들의 활동이 워낙 교묘하고 사악하기 때문에 개별적인 대처만으로는 한계가 있고, 한국교회를 포함한 제 기관들이 서로 긴밀하게 협력하며 공동적으로 대처해야 한다. 이를 위해서 밀접한 네트워크가 절실한 시대이다.

---

62 허호익, 『한국의 이단 기독교』 (서울: 도서출판 동연, 2016), 472-487.

참 고 문 헌 (종 합)

[단행본]

김철수.『헌법학개론』. 서울: 박영사, 2007.

박경수/이상억/김정형 편집.『재난과 교회: 코로나19 그리고 그 이후를 위한 신학적 성찰』.
　　　서울: 장로회신학대학교출판부, 2020.

박형택.『이단상담학 개론』. 서울: 대림문화사, 2017.

정진홍.『한국 종교문화의 전개』. 서울: 집문당, 1986.

최광식.『한국 고대의 토착신앙과 불교』. 서울: 고려대학교 출판부, 2007.

탁지일.『교회와 이단』. 서울: 두란노서원, 2016.

_____.『이단』. 서울: 두란노서원, 2014.

_____.『이단이 알고 싶다』. 서울: 넥서스, 2020.

허호익.『이단은 왜 이단인가』. 서울: 동연, 2016.

_____.『한국의 이단 기독교』. 서울: 동연, 2016.

Erikson, E. H. *Childhood and Society* (2nd ed.) New York: W. W. Norton & Co., Inc. 1963.

Festinger, L. *A theory of cognitive dissonance.* Evanston, IL: Row, Peterson. 1957.

Fowler, J. W. *Stage of faith: The psychology of human development and the quest for*
　　　meaning. San Francisco: Harper & Row. 1981.

Heider, F. *The psychology of interpersonal relations.* New York: Wiley. 1958.

Maslow, A. H. *Toward a psychology of being* (2nd. ed.) New York: Van Nostrand. 1968.

_____. *Motivation and psychology* (3rd. ed.) New York: Harper & Row. 1987.

Tillich, P. *Theology of Culture.* New York: Oxford University Press, 1959.

Toynbee, A. J. *A Study of History.* The Disintegrations of Civilizations, Vol.5. New York:
　　　Oxford University Press. 1939.

[논문 및 칼럼]

곽승연. "법원 신천지 '모략 전도'는 헌법 위배."「뉴스앤조이」(2020. 1. 4.)

권남궤. "신천지 내부 분위기와 최근 동향." 「현대종교」 530 (2020. 1.), 34-40.

김남일. "캠퍼스 이단과 기독교대학의 대처에 관한 연구." 「대학과 선교」 31 (2016. 8.), 283-312.

김영한. "사이비 이단과 정통의 표준." 「한국기독교 연구논총」 8 (1995), 23-24.

김정수. "고3 교실에서 포교하는 고3 신천지." 「현대종교」 531 (2020. 2.), 18-23.

_____. "교회의 어린이 이단예방교육." 「현대종교」 534 (2020. 5.), 32-37.

_____. "돈 따라 홍보하고 여론 따라 비판하는 언론들." 「현대종교」 534 (2020. 5.), 56-61.

_____. "세이협, 종교 사기 조직에 대한 정부의 강력한 대책 마련 촉구." 「현대종교」 530 (2020. 1.), 120-125.

_____. "신천지 스팸 손편지 속에 숨겨진 의도." 「현대종교」 531 (2020. 2.), 24-29.

_____. "이단들의 어린이 교육 콘텐츠." 「현대종교」 534 (2020. 5.), 22-26.

_____. "포스트 코로나 19 과제." 「현대종교」 535 (2020. 6.), 60-65.

박요진. "이혼 부추기는 이단 신천지. 신천지 광주 신도 이혼소송 잇따라." 「노컷뉴스」 (2020. 3. 16.)

박중용. "[전문분야 이야기] 징벌적 손해배상과 위자료." 「대한변협신문」 (2019. 4. 15.)

변상욱. "CBS '신천지 OUT' 프로젝트의 추진 경과 및 과제." 「기독교사상」 (2017. 10.), 19-27.

안교성. "교회와 재난: 한국교회를 중심으로." 박경수/이상억/김정형 편집. 『재난과 교회: 코로나19 그리고 그 이후를 위한 신학적 성찰』. 서울: 장로회신학대학교출판부, 2020.

안희환. "인터넷에서 신천지의 기독교 비방활동." 「성결교회와 신학」 31 (2014 봄), 146-158.

옥도진. "비자발적동의에 의한 성관계는 강간인가?- 성적 자기결정권 침해 판단기준에 관한 검토." 「인권과 정의」 통권 478호, 2018.

유정선. "이단의 실상과 교회의 대응-장년주일학교 강화 및 활성화." 「조직신학연구」 29 (2018), 46-74.

이은혜. "속아서 신천지 빠졌고, 속여서 신천지로 끌어들였다." 「뉴스앤조이」 (2019. 7. 17.)

장인희. "신천지 대처에 앞장선 조형언 의원." 「현대종교」 534 (2020. 5.), 62-68.

_____. "신천지 모략 포교에 대한 청춘반환소송 승소." 「현대종교」 531 (2020. 2.), 14-17.

_____. "이단들의 어린이 교육 피해 사례."「현대종교」534 (2020. 5.), 27-31.

정동섭. "문제성 종교의 폐해와 그 극복방안."「교육교회」(2001. 4.), 10-15.

정완. "독점규제법상 징벌적 손해배상제도 도입에 관한 입법방안 검토."『경희법학 제52 권 제1호』(2017), 264-267.

조민기. "기쁜소식선교회 마인드교육으로 세계화 진출 주의."「현대종교」531 (2020. 2.), 94-99.

_____. "이단들의 어린이 교육 시스템."「현대종교」534 (2020. 5.), 14-21.

_____. "한국임상심리학회 '심리상담사 사칭주의 당부'."「현대종교」531 (2020. 2.), 90-92.

진용식. "신천지와 전능신교(동방번개)의 정체와 대책."「기독교학술원 월례포럼」75, 18-27.

차지연. "갑질 신고한 대리점에 보복한 본사, 3배 징벌적 손해배상해야."「연합뉴스」 (2020. 7. 28.)

최삼경. "교회에서의 이단교육의 필요성."「교육교회」(2001. 4.), 16-20.

최삼경. "교리적 연구와 교육, 교단의 적극적 대응 있어야."「새가정」(1994. 4.), 124-126.

탁지웅. "일본 동경의 신천지 현황."「현대종교」534 (2020. 5.), 106-114.

탁지원. "한국교회의 이단의 실태 및 대처방안."「교육교회 (2001. 4.), 2-8.

특별취재팀. "코로나19와 이후의 신천지 동향."「현대종교」535 (2020. 6.), 50-59.

_____. "코로나19 이후의 신천지 동향."「현대종교」536 (2020. 7/8.), 66-71.

허호익. "이단 사이비 집단의 특징, 거짓 선지자."「복음과 상황」(2020. 5.), 28-38.

[미간행 학위논문]

김성훈. "이단에 대처하는 실천적 대안으로서 '이단 예방 교육' 연구: 은성교회를 중심으로." (장로회신학대학교 박사학위논문, 2013).

신영주. "신천지 교리와 피해에 대한 한국교회 대처 연구." (안양대학교 석사학위논문, 2011).

이신호. "교회를 건강하게 만드는 목회적 실천으로서 '이단대처교육교재' 개발연구." (장로회신학대학교 박사학위논문, 2020).

이요섭. "사이비종교의 폐해와 대책." (대신대학교 석사학위논문, 1994).

임웅기. "한국 개신교계 신종교의 윤리성에 대한 비판적 접근." (전남대학교 석사학위논문, 2008).

[신문기사]

"돌아오는 이단 이탈자들, 한국교회는 맞을 준비 돼 있나."「국민일보」(2020. 5. 13.)
"신천지 탈퇴 신도를 품어라, 정통 교회 정착 프로젝트 시동."「국민일보」(2020. 5. 26.)
한교총&교회협 공동성명서, "코로나19 사태와 신천지에 대한 한국교회 입장." (2020. 3. 6.)

[인터넷 기사]

"신천지를 통해 돌아본 한국교회···신앙의 성찰성 붙잡는 물음 던지고 있는가."「뉴스앤조이」(2020. 3. 4.) https://www.newsnjoy.or.kr/news/article-View.html?idxno=300311.
"[신현욱×조민음 좌담①신천지와 코로나19] '무릎 꿇은 이만희, 신도들은 예수처럼 생각했을 것."「뉴스앤조이」(2020. 3. 6.) https://www.newsnjoy.or.kr/news/article-View.html?idxno=300342.
"[신현욱×조민음 좌담②신천지와 한국교회] '탈퇴자들 교회 문 두드릴 때 받아 줄 역량있나."「뉴스앤조이」(2020. 3. 6.), https://www.newsnjoy.or.kr/news/article-View.html?idxno=300349.
"코로나19 확산으로 신천지 정체 드러났지만···'정작 신천지 빠진 내 아이는 연락 끊겼다'."「뉴스앤조이」(2020. 4. 3.), https://www.newsnjoy.or.kr/news/article-View.html?idxno=300500.
"'불교 신자라 성경 공부 못하겠다'니 '가짜 스님' 동원해 포교···신천지 탈퇴자들, 2차 '청춘반환 소송'."「뉴스앤조이」(2020. 3. 12.), https://www.newsnjoy.or.kr/news/articleView.html?idxno=300394.
"중국에서도 신천지 '기승'···가정 교회 사역자 '신분 위장해 교인 빼 가, 공안보다 더 위협'."「뉴스앤조이」(2020. 3. 3.), https://www.newsnjoy.or.kr/news/article-View.html?idxno=300394.
"이단 비판에도 36년 버텼는데···신천지, 코로나19 역풍에 최대 위기."「한국경제」(2020. 3. 12.), https://www.newsnjoy.or.kr/news/articleView.html?idxno=300301.

[판례]

대법원 1998. 1. 23. 선고 97도2506 판결

대법원 2002. 7. 12. 선고 2002도2029 판결

대법원 2000. 5. 29. 선고 98도3257 판결

대법원 2009. 4. 23. 선고 2009도2001 판결

대전지방법원 서산지원 2020. 1. 14. 선고 2018가단58184 손해배상(기) 판결

부 록

교단별 사이비·이단 단체 규정 현황

대표자(명칭) 및 단체명	교 단	연도/회기	결 의	결의 내용
강병국/ 「생애의 빛」	고신	2009/59	이단성	예정론과 구원론에 위배되는 사상, '원죄' 교리 부인
고대원/ 덕천교회(現 산성중앙교회 담임)	통합	2015/100	동조 혹은 추종 금지	건전한 신학을 소유한 목회자로 보기 어렵다
공용복/ 밝은빛종말론	기성	1988/82	사이비성	시한부종말론
관상기도 운동	합신	2011/96	참여 금지	위험
구요한/ 글로벌타임즈	고신	2018/68	참여 금지	성령론 해석 오류, 교회 질서 깨뜨리는 행위
	백석대신	2018/103	참여 금지	신사도운동, 비성경적인 성령사역 강조
구원파/ 권신찬 · 유병언 (기독교복음침례회) 박옥수 이요한 (대한예수교침례회)	기성	1985/79	이단사이비집단	
	고신	1991/41	이단	깨달음에 의한 구원, 회개, 죄인 문제
	통합	1992/77	이단	
	합동	2008/93	이단	
	합신	1995/80	이단	
		2014/99	이단 재확인 구원파와 같은 이단 교리	서달석, 노영채, 오도경 부부, 손영수, 구영석, 김동성 구원파와 같은 이단 교리
	기감	2014/31	이단	
극단적 신비주의	통합	2012/97	참여 금지	불건전한 신비주의 운동
김계화/ 할렐루야 기도원	통합	1993/78	비성경적, 비기독교적	
	고신	1994/44	불건전 단체	성수문제, 성령수술

대표자(명칭) 및 단체명	교단	연도/회기	결의	결의 내용
	합동	1996/81	이단성	부당성
김가동/ 귀신론 (베뢰아아카데미) 기독교베뢰아교회 연합	기침	1987/77	이단	신론, 기독론, 계시론, 창조론, 인간론, 사탄 론
	고신	1991/41	이단	
	합동	1991/76	이단	
	통합	1992/77	이단	
	기감	2014/31	예의주시	
	합신, 기성			
김대옥	합신	2019/104	참여 교류 금지	동성애, 이슬람에 대 한 신학적 지향성 문제
김민호/ 열방교회	통합	2006/91	교류, 참여 금지	비성서적 치유사역, 투시능력 과시, 위협, 귀신신앙, 의료행위 거부
김성로/ 춘천 한마음교회	합동	2017/102	참여 금지	십자가 부활 이원화, 십자가 중심의 신앙을 편훼하고 왜곡
		2019/104	참여 금지 해제	집회와 매체를 통한 공개적 회개를 수용
	고신	2018/68	참여 자제	부활에 대한 지난친 강조, 비성격적 오류
	기침	2018/108	문제없음	성경과 신학의 해석 오류 확인하고 수정 보완
	백석대신	2018/103	2년간 예의주시	십자가 복음 폄하, 부 활 후 하늘 성소의 제 사 문제
김성수/ 서머나교회	합신	2015/100	추종 금지	강론을 읽거나 추종하 는 일 금지
김양환/ 덕정사랑교회	합신	2015/100	이단	
김요한	합동	2019/104	엄중 경고	
김용두/ 주님의교회	대신	2009/44	집회 참여 금지	여러가지 신학적 문제
	합신	2009/94	이단	우상화·신격화 위험 성, 자의적 성경해석, 신비주의적 체험 신 봉, 영지주의적 신비 사상, 비성경적인 천국론과

대표자(명칭) 및 단체명	교단	연도/회기	결의	결의 내용
김용의/ 순회선교단 복음학교	합신	2018/103	참여 및 교류 금지	지옥론, 성령의 역사를 주술적으로 변질, 직통계시, 김기동과 같은 귀신론 음란죄 공개자백, 교회에 복음이 없다고 비판, 완전 성화 주장
김풍일(현 김노아)/ 세광중앙교회	통합	2009/94	더 지켜봐야 함	
	합동	2018/103	참여 금지	자신이 보혜사임을 암시, 이중 보혜사론 주장, 예수의 육체 재림 부인
		2019/104	참여 금지 유지	
나운몽/ 용문산기도원	통합	1955/40	이단	장로교 신경에 맞지 않음. 강단에 세우는 것 엄금, 집회 참석 금지. 강단에 세우는 것 엄금, 비성경적, 집회 참석 금지
		1956/41		
		1998/83		
	고신	1968/18	이단	
노광공/ 동방교(기독교대한개혁 장로회)	통합	1956/41	이단	강단에 세울 수 없고 집회 참석도 금지
노성태	합동	2019/104	엄중 경고	
뉴스킨	고신	2010/60	주의	
덕당국선도	통합	2019/104	시행 금지	자연주의 사상과 종교 혼합적 성격
뜨레스디아스	합동	1993/78	엄히 경계	천주교적 요소 농후
		2006/91	엄히 경계 재확인	
	통합	1995/80	목회자 추천 받도록	가톨릭적 요소, 인위적 요소, 파당 형성 이단이 활용
		2002/87	담임목사의 추천, 이단이나 불건전 단체에서 운영하는 프로그램 참석 금지	긍정적, 부정적 측면이 있음
레노바레 운동	합신	2011/96	참여 금지	위험
로마(천주)교회	통합	2014/99	다른 전통을 고수하는 교회	교리적으로 이단적인 요소 인정, 반사회 ·

대표자(명칭) 및 단체명	교단	연도/회기	결 의	결의 내용
				윤리적인 이단집단과 다르다
	고려	1995/45	비성경성	유사기독교운동, 사이비기독교운동
		1995/45	관련자 적절한 권징	
류광수/ 다락방전도운동 예장전도총회	고신	1997/47	불건전 운동	
		2013/63	이단 유지	잘못을 고치겠다고 했으나 좀 더 지켜보기로 함
	통합	1996/81	사이비성	이단적 성경을 띤 불건전한 운동, 마귀론, 기성 교회 부정적 비판, 다락방식 영접
	합동	1996/81	이단	
		2014/99	이단 재확인 관련자 징계	이단 재확인, 관련자 공직 제한
	기성	1997/91	사이비운동	
	기침	1997/87	이단성	
	기감	1998/23	이단	
	합신, 개혁			
마술	통합	2017/102	사용 금지	인간의 눈속임을 통한 감탄과 재미 유발에 불과
우희호/ 마음수련원	통합	2007/92	참여 금지	단순한 정신 수련이 아닌 초자연적 신비주의 성향
	합신	1995/80		삼위일체 부인, 예수의 신성 부인, 대속 부인, 지옥 부인
몰몬교 예수그리스도후기성도 교회	고신	2009/59	이단	
	통합	2014/99	이단	영적교만, 편협성, 성경의 권위 훼손, 하나님의 신성 부인, 조셉 스미스 신격화
	기감	2014/31	이단	
	기성, 가장			
문선명/ 통일교 (세계평화통일가정연합)	통합	1971/56	사이비 종교	전통적인 신학사상과는 극단적으로 다름
		1975/60	불인정 집단	가입 금지, 관련 신문, 잡지에 투고 금지
		1976/61	엄하게 처리	교단 화합 교회 사명에 장애를 줌, 단호히

대표자(명칭) 및 단체명	교단	연도/회기	결의	결의 내용
		1979/64	기독교 아님	경고 기독교를 가장한 사이비 종교 집단임
		1988/73	불매 운동	문선명 집단 관련제품 조사하여 불매운동 전개
		1989/74	조사 처벌	통일교와 관련자 철저히 조사 색출하여 치리
	대신	2008/93	이단	
	고신	2009/59	이단	
	기감	2014/31	이단	
	기성, 기장 합신, 합동		기독교를 가장한 사이비 집단	성경관, 교회관, 기독론, 부활론 등 전 분야 걸쳐 반기독교적
문제선/ 예루살렘교회	합신	2017/102	이단	직통계시론자, 잘못된 요한계시록 해석, 이분법적 해석, 기독론, 이중구원론
미주 세이연	합동	2019/104	교류 금지	
박명호/ 엘리야복음선교원 (現 한농복구회)	통합	1991/76	이단 / 안식교계열	이신득의 진리거부, 인간이 신이 된다는 교리
	고신, 합동			
박무수/ 부산제일교회	고신	1999/49	관계 금지	
	기성	1999/93	이단	4단계 회개
	통합	1999/84	비성경적, 사이비적	
박용기	고신	2003/53	집회, 저서, 성경공부 등 금지	하나님을 죄의 원인 제공자로 만드는 심각한 오류
박윤식/ 대성교회(現 평강제일교회)	통합	1991/76	이단	기독론, 타락관, 계시관, 창조론
		2015/100	이단 유지	
	합동	1996/81	이단	
		2005/90	이단 재확인	
		2019/104	구속사 세미나 참석 금지	본 교단이 이단으로 결의한 교회가 진행
	기감	2014/31	예의주시	
박주형/ 새벧엘교회	합동	2002/87	강단교류 금지	지나친 신비주의, 주관적 성경 해석 문제
박철수/	합신	2001/86	참석 금지	성령상담, 영서, 인간

대표자(명칭) 및 단체명	교단	연도/회기	결의	결의 내용
새생활영성훈련원, 아시아교회				론, 구원론, 성경해석, 귀신론에 있어 위험한 사상운동을 하는 자
	합동	2002/87	교류 금지	
	통합	2010/95	참여 금지	잘못된 인간론과 영인식, 비성경적인 운동
박태선/ 전도관(現 천부교)	통합	1956/41	이단	비성경적(본 장로교 교리와 신조에 위반 됨)
방춘회/ 김포큰은혜기도원	통합	2010/95	주의	집회초청 신중, 눈안수 삼가, 영적어머니 표현 자제
백남주/ 신비주의	통합	1933/22	이단	각 노회에 통첩하여 주의시킴
베리칩과 666	합동	2013/98	관계없음	베리칩과 666은 관계없음
	합신	2014/99	관계없음	
변승우/ 사랑하는교회 (前 큰믿음교회)	고신	2008/58	주의	불건전
		2009/59	참여 금지	구원관, 계시관, 신사도적 운동추구, 다림줄, 신학 및 교리 경시, 한국 교회를 폄하하는 발언
	통합	2009/94	이단	구원론, 입신, 예언, 방언 등 극단적인 신비주의 신앙 형태 등
	합동	2009/94	집회참석 금지	알미니안주의 혹은 신율법주의
	백석	2009/94	제명처리, 출교, 주의, 경계, 집회참여 금지	계시관, 성경관, 구원관, 교회관
	합신	2009/94	이단성이 있어 참여 및 교류 금지	구원론, 직통계시, 기성 교회 비판
	기성	2011/105	집회 참여, 교류 금지	성서해석의 오류, 비성서적
		2019/113	교류 금지 유지	
	예성	2012/91	이단	구원관 변질, 개인체험에 의한 성경해석, 급진적 신비주의 추구
	기감	2014/31	예의주시	
빈야드/ 빈야드교회 · 토론토공항교회	통합	1996/81	도입 금지	성령론, 특이현상의 비성경성, 무질서한 예배
	고신	1996/46	참여 금지	

대표재(명칭) 및 단체명	교단	연도/회기	결의	결의 내용
		2007/57	참여 금지	빈야드운동, 피터와 그녀 목사가 주도하는 신사도적운동 불건전 운동으로 규정
		2011/61	불건전운동 재확인	
	합동	1997/82	참여자, 동조자 징계	성령론, 특이현상의 비성경성, 무질서한 예배
	기성	1998/92	사이비성	
서달석/ 강서중앙교회 (現 서울중앙침례교회)	통합	1993/78	이단	구원관(구원파와 같음) 종말론, 교회의식 절기
소에스더우리제일교회	백석대신	2018/103	참여 금지	비성경적 방언 기도
소천섭/ 구원파 (기독교복음침례회)	통합	1974/59	제명, 강담집회 금지	본 장로회와는 신앙이 맞지 않음
스베덴보리	고신	2009/59	이단	삼위일체론, 신관, 인간관, 천사론, 창조에 대한 견해, 재림론, 종말론 등
	합동	2017/102	이단	신론, 삼위일체, 종말론, 계시관, 재림론, 교회론
피터 와그너/ 신사도운동	고신	2009/59	참여 금지	직통계시, 은사중단론 거부
		2011/61	불건전운동 재확인	
	합신	2009/94	참여 및 교류 금지	현 시대에 사도와 선지자 존재, 성경 외 계시주장, 직통계시 등
	기장	2014/99	도입·참여·교류 금지	성서해석의 오류, 복음의 본질 왜곡, 사도의 지배권 등
	기하성 여의도	2018/86	예의주시	이 시대 사도가 존재한다고 주장, 극단적인 신비주의적 감성주의 표방, 임파테이션 주장
신옥주/ 은혜로교회, 바울사관아카데미 영적군사훈련원	합신	2014/99	이단	성경론, 성경해석, 기독론, 삼위일체론 종말론이 이단성으로가득
	고신	2015/65	참여 금지	

대표자(명칭) 및 단체명	교단	연도/회기	결의	결의 내용
	통합	2016/101	이단성	자의적인 성경관, 기독교적 심각한 오류, 독특한 방언 해석, 목회자 폄하
	합동	2016/101	집회참석 금지	방언 해석 문제, 목회자 폄하, 이상한 기독론
	백석대신	2018/103	이단	성경관, 해석의 방법, 기독론, 삼위일체론, 구원론, 교회론, 종말론
심상용/ 월드크리스천성경학연구소	합동	2008/93	엄히 경계	
심재웅 예수왕권세계선교회	통합	2005/90	이단성, 집회강의 참석 금지	교회론, 구원론, 신격화, 밀교적
	합동	2005/90	집회참석 금지	사이비, 이단성 농후
	합신	2006/91	집회참석 금지	성령왜곡, 주관적 신앙체험 일반화, 기성교회 부정, 교주 우상화
	기성	2006/100	이단성	성경왜곡, 교주신격화
	고신	2008/58	극단주의적 신비주의	
	대신	2009/44	예배·집회 참석 금지	신학적, 성경적, 행태적인 잘못된 모습을 보임
마이크 비클/ IHOP, 아이합	고신	2011/61	참석 금지	신사도운동과 깊은 연관, 예언운동 주의
안상홍/ 안상홍증인회 하나님의 교회 하나님의교회 세계복음 선교협회	통합	2002/87	반기독교적 이단	교리적 탈선, 성경해석의 오류, 왜곡된 구원관
		2011/96	이단	반기독교적
	합신	2003/88	이단	
	합동	2008/93	이단	
	고신	2009/59	이단	
	기감	2014/31	이단	
안식교 제칠일안식일예수재림교회	예장 총회	1915/4	면직 제명	구원론, 안식일, 계시론
	통합	1995/80	이단	영혼멸절, 영원지옥 부재 등

대표재(명칭) 및 단체명	교단	연도/회기	결의	결의 내용
	고신	2009/59	이단	
	기감	2014/31	이단	
	합신, 기성 합동			
알파코스 알파코리아	합신	2008/93	예의주시	
		2009/94	참여 금지	
	합동	2008/93	사용주의	
	통합	2009/94	신비주의적 현상 엄격히 배제, 교회에 유익한 전도 프로그램으로 발전 권고	과도한 신비주의적인 현상을 보인 점은 엄격히 배제
엄명숙/ 명인교회	통합	2001/86	이단	기독론, 타락관, 계시관, 창조론
여호와의 증인 왕국회관	기성	1993/87	이단	구원론, 교회론, 지옥 부재, 삼위일체 부인
	고신	2009/59	이단	
	통합	2014/99	이단	심각한 성경해석오류, 삼위일체 부인, 그리스도와 성령 하나님의 신성 부인, 지옥 부인, 행위구원 주장
	기감	2014/31	이단	
	기장, 합신			
염애경	통합	1956/41	이단	강단에 세울 수 없고, 집회참석도 금지
예장합동혁신총회 (산하 남서울신학교)	합동	2002/87	이단성	연옥교리 주장
예태해 미국 엠마오선교교회	합동	1994/79	이단성 혐의	쓰러짐 현상, 주관적 신비체험 등
	기장	1996/81	단호대처	
오덕임/ 대방주교회	고신	1991/41	이단	
오성삼/ 한우리교회 전 담임	합신	2009/94	참여 및 교류 금지	지방교회와 같은 교리, 자의적인 성경해석
요가	통합	2017/102	참여 금지	힌두교 수행, 동작이 신인합일을 의미
(인도) 요가	백석대신	2018/103	참여 금지	인도 요가는 힌두교인이 되게 하는 수단, 힌두교 간접전도 초래

대표자(명칭) 및 단체명	교단	연도/회기	결 의	결의 내용
윗트니스리 지방교회, 한국복음서원	고신	1991/41	이단	신론, 기독론, 인간론, 교회론
	통합	1991/76	이단	
	합신, 합동			
유복종(現 유자현)/ 녹산교회	합신	2007/92	교류 및 참석 금지	이중아담론, 시한부 종말론, 자의적 성경 해석, 녹산교회만 구원이 있다는 주장 등
유석근	합동	2019/104	엄중 경고	
윤석전/ 연세중앙교회	합신	2000/85	집회참석 금지	성령론, 예지예정론, 기독론, 지나친 권위주의적인 목회관에 있어 성경의 주된 내용과 다른 주장
윤종하	합신	2010/95	읽거나 추종 금지	기독교의 원죄 부정, 그리스도의 대리속죄 부정, 완전주의의 오류 등
이광복	고신	2014/64	초청 금지	종말론과 불건전한 세대주의적 해석, 사도신경에 대한 입장
이뢰자/ 여호와새일파, 새일교회	고신	1998/48		말일복음(말세의비밀)주장, 그릇된 성경 해석과 종말론
	기성, 합동			
이만희/ 신천지 교회 (무료성경신학원)	통합	1995/80	이단	계시론, 신론, 기독론, 구원론, 종말론
	합동	1995/80	신학적 비판가치 없음	교주신격화, 잘못된 성경 해석 등
		2007/93	이단	
	기성	1999/93	이단	계시론, 신론, 기독론, 구원론, 종말론
	합신	2003/88	이단	
	고신	2005/55	이단	대표자 이만희 씨가 직통계시자, 보혜사라 주장
	대신	2008/43	이단	
	기감	2014/31	이단	

대표자(명칭) 및 단체명	교단	연도/회기	결의	결의 내용
이명범/ 레마복음선교회(TD), 예일교회	고신	1992/42	불건전 단체	삼위일체, 창조론, 인간관, 성경관, 극단적 신비주의
	통합	1992/77	이단/김가동계열	
	합신, 기성			
이선아/ 밤빌리아추수꾼	기성	1987/81	이단	영성치료로 인간이 온전하게 된다고 주장
	통합	1990/75	이단	
	고신			
이송오/ 말씀보존학회, 성경침례교회	합동	1998/83	이단	번역성경들을 이단이라고 주장, 비성경적 주장
	통합	2002/87	반기독교적 주장	
이승헌/ 홍익문화운동협회(뇌호흡, 기체조, 단요가, 명상)	합신	2007/92	참여 금지	
		2008/93	이단	
이영수/ 에덴성회	통합	2011/96	이단	창조론, 인간론, 기독론, 구원론 등
이유빈/ 예수전도협회	합동	1999/84	참여 금지	
	기성	1999/93	경계 집단	
	합신	2000/85	참여 금지	좌공개자백 등 성경해석과 신학에 중대한 오류
	통합	2001/86	참여 금지	영성치료로 인간이 온전하게 된다고 주장
	고신	2004/54	참여 금지	공개죄 자백은 덕이 되지 않으며, 성경이 의무화하지 않는 것을 극단적으로 강조함으로 참여 금지
이인강(現 이엘리야)/ 아멘충성교회	통합	2012/97	참여 금지	계시관, 성경관
		2013/98	예의주시	해명과 반성에 진정성을 지켜볼 시간이 필요
	합신	2015/100	이단	
이인규/ 무엇이든지 물어보세요	합동	2017/102	교류 금지	오늘날 특별계시 존재, 십자가 복음과 부활복음 이원화
	고신	2018/68	참여 자제	김성로 목사의 부활을 강조하는 사상에 동조
	기감	2018/33	이단성 없음	신학적 용어의 표현상 오해

대표자(명칭) 및 단체명	교단	연도/회기	결의	결의 내용
	백석대신	2018/103	2년간 예의주시	특별계시에 대한 위험한 사상, 하늘 성소가 실제로 존재한다고 주장
이장림 다미선교회	고신	1991/41	이단	구원론, 계시론, 교회론, 종말론
	통합	1991/76	이단	
	합신			
이재록/ 만민중앙교회	예성	1990/69	이단	
	통합	1999/84	이단	신론, 구원론, 인간론, 성령론, 교회론, 종말(내세)론
	합신	2000/85	참석 금지	
	고신	2009/59	이단	
	기감	2014/31	예의주시	
이초석/ 예수중심교회 (前 한국예루살렘교회)	고신	1991/41	이단	본인의 신격화, 극단적 신비주의 추종
		2009/59		
	통합	1991/76	이단	성서론, 신론, 창조론, 인간론, 기독론, 구원론, 귀신론
	기성	1994/88	이단	
	합신, 합동			
이태화	고신	1991/41	이단	
이현래/ 대구교회	고신	2009/59	이단	
이형조/ 『타작기』 작가	통합	2014/99	집회·참석 금지	극단적인 종말론, 편향적인 신학적 입장
이호빈/ 신비주의	통합	1933/22	이단	각 노회에 통첩하여 주의시킴
최바울/ 인터콥	통합	2011/96	예의주시, 참여자제	교리적으로 비타당, 위험
		2013/98	예의주시, 참여자제 유지	해명과 반성의 진정성을 지켜볼 시간이 필요
		2015/100	예의주시, 참여자제 유지	
	합동	2013/98	교류단절	프리메이슨의 음모론 수용, 극단적인 세대주의적 종말론, 이원론적 이분법

대표자(명칭) 및 단체명	교단	연도/회기	결의	결의 내용
		2019/104	교류단절 유지	
	합신	2013/98	참여 금지 및 교류 금지	이원론적 사상, 비성경적 백투예루살렘과 복음의 서진운동, 왜곡된 종말론과 적그리스도론
	고신	2014/64	초청 금지	교회론, 서적, 선교적 · 신학적 차원의 문제
		2015/65	참여 금지	
		2016/66	참여 금지	불건전단체
	기성	2018/112	1년간 예의주시	이원론적인 창조관 및 세계관, 사실상 시한부 종말관, 독선적이고 배타적인 선교관
임보라/ 섬돌향린교회	고신	2017/67	참여 금지	신론, 동성애, 구원론 등
	합동	2017/102	참여 금지	동성애 관련 비성경적인 사상 매우 농후
	합신	2017/102	이단	하나님의 성, 동성애, 다원주의적 구원론, 안식일 왜곡
	백석대신	2018/103	이단	신론적 이단성, 동성애를 성경적이라고 주장 가원론적 이단성, 안식일의 의미 왜곡
	통합	2018/103	이단성	성경 자의적 해석, 신론, 동성애, 구원론 문제
장길섭/ 하나님의 비밀을 간직한 사람들; 하비람	통합	2008/93	참석, 교류, 후원 금지	비기독교적, 비성서적
장재형(장다윗)	통합	2009/94	예의주시 경계	장씨를 재림주로 받은 사람들의 증언이 많은 바 그의 말을 신뢰할 수 없어 예의주시하며 경계
	합신	2009/94	참여 및 교류 금지	통일교 전력문제, 재림주 의혹사건, 성경의 자의적 비유풀이

대표자(명칭) 및 단체명	교단	연도/회기	결의	결의 내용
				등
		2013/98	경계·교류 금지 유지	장재형씨에게 진정성이 없다고 판단
	고신	2012/62	관계 금지	이단성 의혹
전능하신 하나님교회 동방번개	고신	2013/63	이단	삼위일체론, 기독론, 구원관
	통합	2013/98	이단 사이비	양향빈 재림주, 삼위일체 부정
	기감	2014/31	이단	
	백석대신	2018/103	이단	성경의 완전성 부인, 충족성 부인, 성경으로서는 구원받으 수 없다고 주장
	합신	2018/103	이단 사이비	계시의 연속성 주장, 왜곡된 성경 해석과 짜집기, 조유산 신격화 및 양향빈 재림 예수 주장
전태식/ 순복음진주초대교회	합동	2005/90	강의, 집회, 예배참석 금지	구원관, 예배관
		2019/104	참석 금지 유지	
	합신	2018/103	참여 금지	아바드 성경 주석 오류, 행위 구원, 예수 그리스도의 다중 재림, 불건전한 세대주의 종말론
		2019/104	참여·교류 금지 유지	
정동수/ 사랑침례교회	합동	2018/103	참여 금지	개역성경 비하 및 폄하, 구원론
		2019/104	참여 금지 유지	
정명석(JMS)/ 기독교복음선교회 국제크리스찬연합	고신	1991/41	이단 규정	
	통합	2002/87	반기독교적 이단	성경해석, 교회, 삼위일체, 부활, 그리스도의 재림
	합동	2008/93	이단	성경관, 부활·재림관, 구원관 등 전 분야에서 반기독교적
	기감	2014/31	이단	
	합신, 기성			

대표자(명칭) 및 단체명	교단	연도/회기	결의	결의 내용
정원/ 혜븐교회	합신	2017/102	참여 금지	질병의 약함의 원인 마귀로 주장, 호흡기도, 이교도적인 수련, 영적도해 사상
	통합	2019/104	참여 금지	신학적으로 심각한 문제점 내포
조명호	통합	2011/96	이단성	비기독교, 비성서
조종성/ 복음중앙교회	합신	2017/102	이단	자신을 직통계시로 우상화, 기성 교회에 구원과 복음이 없다는 주장, 삼위일체 부정
조현주/ 성경100독사관학교	합신	2008/93	이단	신천지 교리 강의
조회성/ 영생교	고신, 합신		박태선분파/이단	일고의 가치도 없음
주종철/ 서울주안교회	고신	2006/56	이단성	
	통합	2012/97	교류 금지	그리스도론, 신론, 삼위일체론, 성령론, 종말론 등
차해경	통합	2018/103	이단성	가계저주론, 조상의 죄 대물림
최온유/ 화정복된교회 작은교회 연합봉사단	고신	2004/54	참여 금지	
	합신	2005/90	참여 금지	
	합동	2007/92	참여 금지	최온유 목사 신격화 우상화, 직통계시적 주장, 지나치게 세속적인 헌금관 등
퀴어신학	백석대신	2018/103	이단	
퀴어신학(동성애, 양성애, 성전환)	통합	2018/103	이단성	성경의 규범적 권위 무시, 하나님의 창조질서 상대화
크리스챤 사이언스	기성, 고신 합동			
타키모토 준/ 가계저주론	고신	2012/62	초청 및 참여 금지	불건전한 사상
파룬궁	합신	2018/103	사이비종교	창시자 이홍지 자신이 삼위일체이고 구원자, 파룬궁 수련자만 천국 간다는 주장

대표자(명칭) 및 단체명	교단	연도/회기	결의	결의 내용
한준명/ 신비주의	통합	1933/22	이단	각 노회에 통첩하여 주의시킴
홍혜선	합동	2016/101	집회참석 금지	비성경적인 거짓 예언, 극단적인 신비주의, 직통계시 추종
황규학	합신	2017/102	이단옹호자	신천지 옹호, 이단 연구가 비난
황판금/ 대복기도원	통합	1993/78	사이비집단	기복적 무속적 형태의 방언 영서 예언 직통계시
G12	합동	2008/93	사용주의	
이단(옹호)언론	통합	1995/80	이단(옹호)언론	기독저널(現 기독교평론신문), 주일신문, 교회와이단(現 종교와진리)
		2005/90	글 게재 및 광고후원 금지	크리스챤신문
		2009/94	이단(옹호)언론	기독교초교파신문, 천지일보, 크리스챤신문, 세계복음화신문, 크리스천투데이, 교회 연합신문
		2012/97	이단(옹호)언론	복음신문
		2013/98	이단(옹호)언론	기독교신문, 로앤처치
		2018/103	이단(옹호)언론 재확인	교회 연합신문, 크리스천투데이
		2018/103	이단(옹호)언론	비평과 논단
	합동	2005/90	이단옹호언론	크리스챤신문
		2016/101	기고, 구독, 광고 및 후원 금지	로앤처치
	합신	2010/95	이단(옹호)언론	기독교초교파신문(올댓뉴스), 크리스챤신문, 세계복음화신문, 크리스천투데이, 교회 연합신문
		2017/102	이단옹호언론	법과 교회

* 부록 "교단별 사이비·이단 단체 규정 현황"은 월간「현대종교」에 허락을 받아 게재한다. 이 표에는 1915년부터 2019년까지의 국내 교단들의 이단 사이비 관련 결의를 포함하고 있다.